Prosperidad y violencia

Prosperidad y violencia. Economía política del desarrollo

Robert H. Bates

Traducción de Mª Esther Rabasco

Antoni Bosch editor

Publicado por Antoni Bosch, editor
Manuel Girona, 61 - 08034 Barcelona (España)
Tel. (+34) 93 206 07 30 - Fax (+34) 93 206 07 31
e-mail: info@antonibosch.com
http:// www.antonibosch.com

Título original de la obra:
Prosperity and violence: the political economy of development

©2001, W. W. Norton & Company, Inc.
©de la edición en castellano: Antoni Bosch, editor, S.A.

ISBN: 84-95348-10-1
Depósito legal: B-33.008-2004

Diseño de la cubierta: Compañía de Diseño
Impresión: Mozart Art, S.L.

Impreso en España
Printed in Spain

A Helen McClimans y Joseph T. Rouse, Senior

CONTENIDO

LISTA DE FIGURAS

AGRADECIMIENTOS

Las raíces de este libro se nutren de mi pertenencia a varias comunidades académicas, de mis vivencias con los estudiantes y de las investigaciones de campo que he realizado.

Mientras me preparaba para mi trabajo de campo en África, estudié antropología social en la Universidad de Manchester. En los debates que llenaban los pasillos del Departamento de Sociología y Antropología Social de Manchester se entremezclaban diversas disciplinas: la sociología, la historia y la economía; influyentes libros, artículos y polémicas. El trabajo interdisciplinar tenía lugar en un ambiente en el que ninguna idea estaba prohibida ni se libraba de un riguroso análisis. El espíritu que animaba ese departamento ha influido durante mucho tiempo en mi pensamiento y en mis gustos, y ha determinado este proyecto.

La División de Humanidades y Ciencias Sociales del California Institute of Technology —institución en la que inicié mi vida profesional— también fomentaba los programas inter-disciplinarios. La estructura del departamento fue sumamente importante en 1982, cuando regresé de Uganda, profundamente perturbado tanto emocional como intelectualmente por lo que había vivido. Tratando de conocer otras sociedades que también estuvieran marcadas por la pobreza y la violencia, me dediqué a estudiar la historia de Europa. El carácter interdisciplinar del instituto se adaptó a la perfección a mis necesidades. Enseñando con Philip Hoffman y la desaparecida Eleanor Searle, comencé a estudiar cómo se consiguió la paz y el orden en la Europa de la Edad Media y comienzos de la Edad moderna, a pesar de lo poco prometedora que era la situación de partida. En mis conversaciones con los colegas antropólogos Thayer Scudder y Elizabeth Colson, comencé a relacionar las experiencias de las sociedades actuales agrarias, basadas en los lazos de parentesco, con las experiencias pasadas de las sociedades europeas y a aplicar las ideas formuladas por los estudiosos de la historia a los datos reunidos por los estudiosos del desarrollo moderno.

El extraordinario grupo congregado en el Center for Advanced Study in the Behavioral Sciences de la Universidad de Stanford en 1993-1994 también influyó en este trabajo. Avner Greif, Margaret Levi, Jean-Laurent Rosenthal y Barry Weingast me reafirmaron en mi decisión de combinar el estudio de la historia con el estudio de la economía política y, especialmente, de la economía política del desarrollo.

También quiero dar las gracias a mis estudiantes, especialmente a los que asistieron al curso de Análisis Social ("Social Analysis 52") que llevo ofreciendo desde hace mucho tiempo en la Universidad de Harvard. Gracias a una beca de la Ford Foundation, Alison Alter y Smita Singh me ayudaron a lanzar el curso. Mis conversaciones con mis compañeros de docencia —Mala Htun, Aba Schubert, Melissa Thomas, Anne Wren, James Fowler y Jeremy Weinstein— me sirvieron para comprender mejor las cuestiones que planteaba y los datos que utilizaba.

Sin embargo, tan importantes como mis experiencias en estas comunidades intelectuales han sido mis experiencias de campo. Los mineros de Kitwe, los habitantes de Luapula, los políticos locales de Meru, los burócratas de Uganda, los combatientes de la guerrilla de Sudán, los diplomáticos de Bogotá, Londres y Sao Paulo, todos me han enseñado.

Escribí este libro cuando era profesor visitante en el departamento de investigación del Banco Mundial. Lo revisé en el Center for International Development de la Universidad de Harvard. Debo dar las gracias especialmente a Mary Shirley por proponer mi nombramiento en el banco y a Jeffrey Sachs y Sara Sievers por la ayuda prestada desde el centro. También deseo dar las gracias a Maria Amelina, Macartan Humphreys, Fabrice Lehoucq, Jeffry Frieden, Philil Keefer, Ronald Rogowski, David Laitin, Jean Ensminger, Kenneth Shepsle, Andrei Shleifer y Andrew Moravcsik por sus comentarios y especialmente a Avner Greif, Peter Hall, Margaret Levi, Jean-Laurent Rosenthal y Roby Harrington por su minuciosa lectura del manuscrito. Gracias también a Clark Gibson y Marc Busch por utilizarlo en clase y a sus estudiantes por sus comentarios y sugerencias.

Aunque debo mucho a mis colegas, a mis estudiantes y a mis experiencias de campo, aún debo más a mi familia. Dedico este libro a mis suegros, Helen y el desaparecido Joseph Rouse. El libro aborda la transición de la vida en el campo a la vida en la ciudad, que ellos hicieron tan triunfalmente. Explora la contribución de la familia a facilitar esa transición, algo que han relatado con inteligencia, afecto y autoridad. Les debo haber conocido su viaje; ser los padres de mi esposa; y haber redefinido las fronteras de su familia, ya que las expandieron para acoger a la mía.

Cambridge, Massachusetts
21 de encro de 2000

1. INTRODUCCIÓN

Todo se hace como por azar y a la ventura.
— ECLESIASTÉS 9:11

En un museo del norte de Alemania, me topé con dos vitrinas que mostraban representaciones de cómo era la vida en la región en sus primeros tiempos. La primera contenía un modelo de asentamiento del siglo IV d.C. y la segunda un modelo de la región del siglo XII. Las figuras 1.1 y 1.2 muestran los bosquejos básicos.

En el primer modelo, la población vivía en pequeños poblados tierra adentro, aparentemente apiñada en las orillas de un río. Se vestía con pieles y vivía en chozas, cazaba con lanzas y viajaba en embarcaciones hechas de pieles de animales. Sus pequeños asentamientos parecían frágiles, como si estuvieran pensados para poder huir rápidamente de los invasores. Parecían imprecisos rescoldos en un mar de oscuridad: el propio mar, por supuesto, pero también el bosque circundante que ascendía desde el río, cruzaban las colinas circundantes y se extendían hacia el este por todo el continente, dando paso a zonas pantanosas y, más adelante, a las estepas que llevaban a Asia.

Como mostraba la segunda vitrina, varios siglos más tarde la forma de vida había cambiado. La población había crecido. En

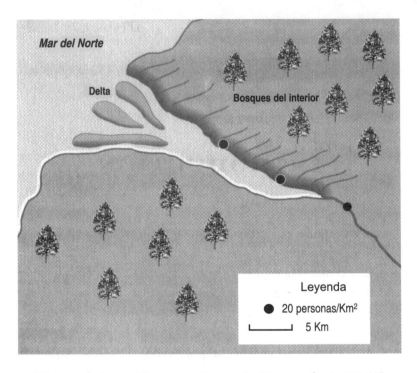

Figura 1.1. Asentamientos en el norte de Alemania hacia 300 d.C.

lugar de estar diseminada en pequeños campamentos, ahora la mayoría de las familias vivía en densos asentamientos, rodeados de murallas para protegerse. Estos asentamientos no sólo estaban más concentrados sino también, paradójicamente, más dispersos. Algunas familias se habían aventurado a instalarse en las orillas del mar. Otras habían establecido campamentos en las marismas del delta y otras se habían trasladado tierra adentro para asentarse en los bosques de los alrededores. Todo parecía indicar que eran en su mayoría más prósperas que sus ancestros. Sus casas eran de madera, no de pieles; también lo eran sus embarcaciones. Su vestimenta era de fibras y sus utensi-

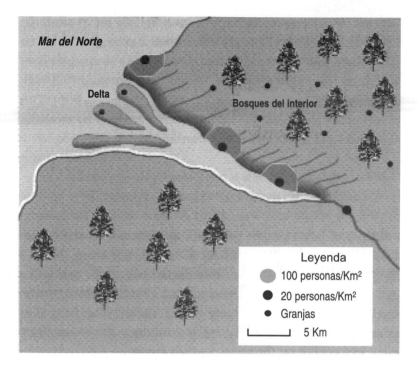

Figura 1.2. Asentamientos en el norte de Alemania hacia 1100 d.C.

lios estaban ingeniosamente trabajados. Los puestos de los mercados se encontraban pegados a las murallas del poblado, y los comerciantes parecían intercambiar en ellos los productos artesanos de la ciudad por pescado del delta, caza de los bosques o cereales de los campos circundantes.

Las representaciones mostraban cómo era la vida en la región muchos siglos antes. Al salir del museo, retorné de golpe al presente. El museo se encontraba en una colina desde la que se dominaba el río, justamente donde entraba en el mar. Los automóviles pasaban a toda velocidad por las calles de los alrededores y los peatones se apiñaban en las aceras. Donde antes había un delta, ahora había un puerto, abarrotado de buques cisterna, transbordadores y cargueros. A lo largo del curso del río, se alineaban las industrias en los malecones, arrojando humo a la cuenca formada por las colinas circundantes. Un velo de niebla mezclada con humo procedente de la ciudad envolvía el mar que se extendía más allá del delta.

La representación mostrada en la exposición del museo recoge una historia muy repetida. Ha sido contada por los arqueólogos (por ejemplo, por Carneiro, 1970) que reconstruyen el pasado y por los científicos sociales (por ejemplo, por Boserup, 1981) que estudian el desarrollo de las sociedades modernas. Karl Polanyi (1944) llama "la gran transformación" a la transición del pueblo a la ciudad y de la agricultura a la industria; Kuznets y otros autores la llaman "cambio estructural" (1966). En este libro analizamos la economía política del desarrollo estudiando esta transformación desde el punto de vista político y económico.

El campo del desarrollo

Los estudiosos del desarrollo se especializan en el estudio de los países más pobres del mundo. En lugar de centrar su atención en las sociedades industriales avanzadas, se ocupan de los países de Asia, África y Latinoamérica que siguen siendo en buena parte rurales, agrícolas y pobres. Su campo de análisis adopta, pues, una dimensión transversal, distinguiendo los países ricos de los pobres y centrando su atención en los segundos.

Aunque es mucho lo que se puede aprender y se ha aprendido procediendo de esta forma, parece que existe un desajuste

evidente entre el fenómeno que se estudia y los datos empleados. Los estudiosos realizan sus investigaciones tomando cortes
transversales en un momento del tiempo; pero *desarrollo* implica
paso del tiempo. Tal como lo enfoco aquí, se refiere al crecimiento de la renta per cápita y a la transformación de los sistemas
sociales y políticos. Desarrollo, crecimiento y transformación:
cada palabra pone de relieve el elemento temporal de las sociedades humanas, no el espacial. El estudio del desarrollo debe
tener, pues, en cuenta el paso del tiempo.

En investigaciones anteriores he analizado la situación
actual de África y Latinoamérica y en ésta me basaré repetidamente en lo que he aprendido en el trabajo de campo realizado en esas regiones. Pero también me basaré en datos extra-
ídos de la historia. Las sociedades que hoy son urbanas,
industriales y ricas fueron en su momento rurales, agrícolas y
pobres. Reuniré, pues, datos de la Europa medieval y de los
comienzos de la Europa moderna. Observando que pueden
extraerse enseñanzas de las rivalidades entre las grandes
potencias de la era actual —la rivalidad entre los estados
comunistas y los capitalistas— también extraigo lecciones de
las rivalidades entre las grandes potencias del pasado y, en
particular, de la rivalidad entre Gran Bretaña y Francia en los
comienzos de la Europa moderna.

Al analizar las experiencias históricas y contemporáneas
de las sociedades en vías de desarrollo, abordaré dos temas
fundamentales. Uno es económico: analizaré la manera en que
las sociedades aumentan la renta media de sus miembros. El
otro es político: examinaré las instituciones que forman, las
estructuras de gobierno que crean y, sobre todo, la manera en
que alteran —o no— el uso de la violencia.

El capital

En mi análisis del desarrollo económico, centraré la atención en la formación de capital. El capital es el factor de producción que abarca varios periodos de tiempo. En un determinado periodo la gente puede decidir ahorrar; no consumiendo recursos hoy, pueden invertirlos, o sea, formar capital. Invierte para tener mayores posibilidades de consumir gracias a esas inversiones. Hace sacrificios hoy para conseguir beneficios en el futuro.

El capital puede consistir en un puente, en un canal o en una planta industrial. También puede consistir en una cuenta bancaria o en una cartera de inversión. Pero no tiene por qué ser necesariamente físico o monetario. También puede consistir en una cualificación o en un modo de expresión, cuya adquisición puede tener un coste. El tiempo que podría dedicarse al placer puede dedicarse al estudio, con el fin de poder recoger más tarde los frutos de la competencia y de los conocimientos adquiridos. Aulas, universidades, talleres: éstos son lugares en los que se forma capital, exactamente igual que en los bancos o las fábricas.

Como la formación de capital abarca varios periodos de tiempo, la decisión de invertir entraña riesgos. Los costes de la inversión se producen hoy, por lo que son seguros. En cambio, los rendimientos se obtienen en el futuro, por lo que acontecimientos futuros pueden amenazarlos y alterar los incentivos para formar capital. Un incendio, una inundación o una epidemia puede dar al traste con el proyecto más prometedor, pero también puede acabar con el proyecto la propia conducta de los seres humanos, que pueden emprender guerras,

derrocar gobiernos o no cumplir sus promesas y desbaratar
así los planes de otros.

Las instituciones abordan el problema del riesgo de diversas formas. Por ejemplo, en mi análisis de las sociedades agrarias haré hincapié en la forma en que las familias se aseguran
contra los fenómenos naturales que las amenazan. En esas sociedades también construyen defensas contra los riesgos que entraña la conducta de los demás; crean sistemas políticos capaces de
encauzar la conducta del hombre y salvaguardar la propiedad
privada. Como veremos, las relaciones de parentesco dan, sin
embargo, garantías insuficientes para inducir a formar los
tipos de capital necesarios para una sociedad industrial. Y las
garantías que dan tienen, además, unos costes elevados. El
análisis de estos costes nos ayuda a comprender por qué las sociedades que consiguen la gran transformación no son las sociedades gobernadas por las familias sino las sociedades gobernadas
por estados.

Al analizar los fundamentos políticos del desarrollo económico, aíslo y examino, pues, dos actos básicos o primarios,
uno económico y otro político: la decisión de formar capital y
la creación de instituciones que hacen que sea racional for-
marlo.

La organización económica

Haciendo accesibles nuevas tierras, adquiriendo nueva planta
o maquinaria, invirtiendo en educación, o en mejoras de las
artes mecánicas, pueden conseguirse mayores niveles de producción per cápita y aumentar así la cantidad de bienes o de
servicios que pueden consumirse. El crecimiento económico

también es el resultado del aumento de la productividad de la tierra, del trabajo y del capital: invirtiendo en la creación de nuevas tecnologías es posible aumentar el nivel de producción que se extrae de una determinada cantidad de cada recurso. Tan importante como lo anterior para el crecimiento económico son los cambios en la organización del proceso de producción. En este libro presto especial atención no sólo a la inversión sino también a las formas organizativas como fuente de crecimiento económico.

El modo de organizar la producción afecta al nivel de producción. Algunos tipos de actividad económica combinan los factores de producción de tal forma que ésta sencillamente "se amplía", por así decirlo: un aumento de la cantidad de factores provoca un aumento proporcional de la cantidad de bienes producida. Sin embargo, en otros tipos de actividad económica, la producción está organizada de tal forma que un aumento de la cantidad de factores provoca un aumento más que proporcional de la producción. La producción aumenta como si respondiera no sólo a la adición de recursos a la producción sino también a sus interacciones. Responde de una manera multiplicativa, no aditiva, a los aumentos del uso de la tierra, el trabajo y el capital.[1]

---

[1] En este análisis, omito la distinción entre economías de escala internas y externas. Para que el análisis fuera más completo, habría que incluirlas, relacionando una con la creación de mercados y de ciudades y la otra con la aparición de empresas. Cada una es una fuente de crecimiento, pero mientras que la primera fue importante en el periodo medieval y a comienzos del periodo moderno, la segunda fue importante en la era de la Revolución Industrial. Cada una también plantea sus propios problemas políticos y mi argumentación puede y debe ampliarse para tenerlas en cuenta.

La agricultura constituye un ejemplo del primer tipo de organización económica. Dado un cierto nivel tecnológico, cuando se duplica la cantidad de tierra, trabajo y capital, también se duplica la producción agrícola. Eso no quiere decir que la tecnología agrícola no haya progresado y que, por lo tanto, la agricultura sea incapaz de crecer. Con el paso de la tracción animal a la fuerza mecánica, con la adopción de nuevas variedades de plantas y de razas animales y con la aplicación de innovaciones químicas y biológicas a la agricultura, la producción por unidad de tierra y de trabajo ha aumentado espectacularmente. Pero el crecimiento económico en la agricultura no se ha beneficiado mucho de los cambios de la organización económica. La forma en que está organizada la producción agrícola ha cambiado mucho menos que otros aspectos de la agricultura. Una gran empresa puede poseer una explotación agrícola; los productos alimenticios pueden transformarse en fábricas; y el propio proceso de producción puede estar mecanizado. Pero casi siempre son el agricultor y su familia los que organizan el proceso de producción.

Si la familia es emblemática de la forma de organización característica de la agricultura, el equipo es lo que mejor representa la forma de organización de la industria. Los equipos permiten formas de producción que no sólo combinan los factores de producción de manera aditiva sino que también se benefician de la interacción de sus miembros. En una empresa moderna, una unidad de la organización puede estar encargada de adquirir las materias primas; otra de transformarlas y de darles forma; y otra de convertirlas en productos acabados. Otras unidades pueden suministrar los servicios necesarios para mantener el proceso de producción: la contratación de trabajadores y su formación; la compra de materias primas; la financiación de la empresa; o la adquisición de material, las ventas y la negociación de contratos.[2]

En esos tipos de organización económica, el efecto del esfuerzo de una unidad depende de la conducta de las demás. La producción aumenta no sólo como consecuencia de la suma de los esfuerzos dedicados a producir, sino también de las complementariedades entre ellos. Esas formas de organización pueden provocar, pues, un aumento de la producción más que proporcional al aumento de la cantidad de factores. La propia forma de organización se convierte en una fuente de crecimiento.

Imaginemos a modo de ejemplo una empresa de una sociedad en vías de desarrollo que no sólo contrata trabajadores sino que también los forma, les enseña a leer, a calcular y a escribir. Cada unidad de la empresa se beneficia del aumento de la oferta de mano de obra formada. No sólo se beneficia de la inversión la planta en la que trabajan sino también los servicios de apoyo, como la contabilidad y las ventas. Y la productividad de la planta aumenta como consecuencia del incremento de la productividad del personal de estos otros departamentos. Las complementariedades existentes en la estructura de la empresa multiplican, pues, el efecto de la inversión inicial en formación.

Cualquiera que siga los equipos más visibles de todos —los equipos deportivos— comprenderá rápidamente que las interacciones pueden ser productivas. Pero también se dará cuenta de que pueden ser negativas. Las interrelaciones dentro de los

---

[2] Los agricultores también realizan esas tareas. Pero el carácter estacional de la producción significa que pueden realizarse secuencialmente. En la industria deben realizarse paralelamente.

equipos no sólo pueden brindar oportunidades sino que también pueden entrañar riesgos. Los miembros de un equipo no sólo pueden mejorar el rendimiento de los que los rodean sino también reducirlo, si hay enfrentamientos o desavenencias. Aunque sólo sea por esta razón, los equipos tienen entrenadores que pueden inspirar, convencer o coaccionar y, por lo tanto, imponer disciplina. Las organizaciones económicas también necesitan estructuras de gobierno, como los equipos deportivos. Las empresas necesitan directivos para coordinar las relaciones que ocurren en su seno y conseguir que la conducta de cada unidad del equipo mejore, no reduzca, el rendimiento de las demás.

La creación de capital constituye una fuente de crecimiento, al igual que la formación de organizaciones económicas. El estudio de la creación de capital lleva al estudio de la política, y exactamente lo mismo ocurre con el estudio de las organizaciones. Para formar organizaciones económicas, los que tienen el poder deben delegar a la iniciativa privada. Deben delegar en aquellos que gobernarán las relaciones productivas y garantizarán los beneficios que pueden obtenerse gracias a los esfuerzos complementarios de los que emplean tierra, trabajo y capital para producir bienes y servicios.

Los que se dedican a la política, no a la producción, se especializan en el uso de la violencia. Casi siempre utilizan el poder, no para crear riqueza, sino para redistribuirla. Como los actos de redistribución a menudo infligen pérdidas, el uso de la fuerza a menudo destruye. Así pues, para producir riqueza utilizando el poder, debe recurrirse a nuevas formas de coacción. Los que se especializan en el uso de la fuerza deben abstenerse de utilizar la violencia y delegar su autoridad en los que la emplearán productivamente. Deben delegarla en los que se especializan en combinar la tierra, el trabajo y el capital en el proceso de producción.

¿Cuándo conceden los reyes libertades a los comerciantes y a los burgueses? ¿Cuándo invisten los gobernantes de poder y autoridad a los empresarios? ¿Por qué los estados permiten a las organizaciones económicas dirigir sus economías, cuando podrían destruirlas fácilmente? Al examinar los fundamentos políticos del desarrollo económico, abordo este tipo de cuestiones.

En este libro analizo, pues, no sólo la manera en que se forma el capital sino también la manera en que se domestica la violencia, por así decirlo, y se utiliza, no para depredar o para destruir sino para fortalecer las fuerzas productivas de la sociedad.

Los fundamentos políticos

Había ido al norte de Alemania para entrevistar a los empresarios que importaban café de África oriental. El museo había sido una grata distracción durante un largo fin de semana en que las oficinas estaban cerradas y la espera se me había hecho muy larga. Al salir de la exposición, entré en un café cercano. La carta ofrecía una atractiva selección de bebidas calientes, entre las que se encontraban los fuertes cafés ugandeses y los suaves kenianos. Sabía que el reconfortante alivio que me reportaba el café se multiplicaba por mil este instante en el norte de Europa y por un millón en un día cualquiera. Los consumidores del mundo desarrollado buscaban los productos de África oriental y estaban dispuestos a ofrecer una parte de su renta para conseguirlos.

Como consecuencia del trabajo de campo que realicé en

África oriental, sabía que los comerciantes, los banqueros y los industriales kenianos habían creado un puerto que, aunque era de menores dimensiones que el de la ciudad del norte de Alemania, se parecía a él por su forma y su función. Para exportar los cafés de Kenia y de Uganda, habían invertido en la construcción de vías, muelles y almacenes. Habían construido edificios de oficinas y arrendado espacio a corredores, fletadores y empresas de seguros. Habían ampliado y ahondado el puerto, alterado el curso del río y construido comunicaciones ferroviarias y terminales. Así pues, no sólo habían invertido capital en el perfeccionamiento del puerto y en la creación de servicios anexos, sino que también habían creado una estructura de gobierno para regular el tráfico del interior al puerto, y de allí al extranjero. En virtud de una ley del Parlamento keniano, habían constituido una empresa que podía contratar y despedir a directivos y subalternos y que poseía autoridad para ordenar, disciplinar y sancionar y, por lo tanto, para dirigir la circulación de bienes a través de las instalaciones portuarias.

Así pues, en respuesta a las oportunidades económicas que brindaba la demanda de productos tropicales en el hemisferio norte, los inversores habían creado en África oriental una productiva organización económica y el estado había dado potestad a su dirección para gestionar sus actividades. El café era almacenado y embalado allí por obreros; inspeccionado y asegurado por empleados; y transportado en contenedores izados por grúas para colocarlos en barcos hechos de acero. En la costa de África oriental, la demanda de café había provocado la creación de una forma industrial de actividad económica.

Cuando mi investigación me llevó tierra adentro, me enteré de que no sólo los capitalistas sino también los campesinos habían respondido a las demandas de los consumidores de los países industrializados. Durante varios meses trabajé en Meru, distrito que se encuentra en las laderas del monte Kenia. La producción de café había hecho de él un distrito próspero, y las laderas estaban salpicadas de pequeñas ciudades en las que había tiendas propiedad de artesanos que producían ropa, calzado, muebles y aperos de labranza. Las calles estaban flanqueadas por iglesias, bancos, bares, restaurantes y hoteles. Los fines de semana, los campesinos y sus familias se congregaban en la ciudad, algunos llegaban a pie, otros salían de atestados taxis y unos cuantos afortunados descendían de su propio vehículo.

Los agricultores de Meru habían prosperado gracias a la producción de café. Con los ingresos que habían obtenido, algunos habían invertido en ganado. Muchos habían financiado la educación de sus hijos, algunos de los cuales asistían a la escuela elemental en el pueblo, otros a la escuela secundaria en la ciudad y a algunas universidades en el extranjero. Muchos de los que habían conseguido estudiar habían aceptado después un empleo en las ciudades; conservando los vínculos con su familia, enviaban una parte de sus ingresos a las explotaciones agrícolas y a las tiendas de Meru. Incluso durante la sequía de 1985 —año en que trabajé en el distrito— Meru, sus agricultores y sus ciudades irradiaban una prosperidad y un bienestar que reflejaban el éxito de la respuesta de sus campesinos a las oportunidades que brindaban las exportaciones de café.

Dejando las explotaciones agrícolas situadas al pie del monte Kenia, me adentré aún más y pasé a Bugisu, región cafetera de Uganda que se encuentra en las laderas del monte Elgon. Allí también los agricultores habían invertido en la producción de café y habían surgido ciudades para facilitarles los medios necesarios para transportar su cosecha, cobrar y realizar compras para sus explotaciones y sus familias. Pero enseguida me enteré de que en Bugisu la prosperidad y la tranquilidad eran cosa del pasado; el estancamiento y el miedo caracterizaban su presente. A diferencia de lo que ocurría en las calles de las ciudades de Meru, las de Bugisu no estaban abarrotadas de agricultores comprando apresuradamente o disfrutando sin prisas del placer de la ciudad sino ocupadas por soldados, mientras los agricultores se apiñaban temerosos en las granjas que tenían en la selva. Los jóvenes no deambulaban con el uniforme de colegio, como en Meru; en Bugisu desfilaban, hombro con hombro, con un atuendo militar, impelidos por las voces —y las correas— de sus comandantes. En las explotaciones agrícolas, los cafetos permanecían sin podar; las enfermedades se propagaban sin freno de planta en planta y de explotación en explotación; y el café se acumulaba a falta de comerciantes que pudieran financiar la compra de la cosecha o su transporte hasta la costa.

Así pues, aventurándome a dejar la costa y adentrarme en el interior, pude percibir en toda su dimensión la relación entre la prosperidad y la violencia. En el puerto costero, la fuerza no estaba ausente pero estaba estructurada y organizada. En Meru, la prosperidad descansaba en la paz. En Uganda, el miedo difundido por la violencia mermaba la disposición a invertir o a emprender actividades económicas. Esas comparaciones y contrastes ponen de relieve la importancia que tienen para el desarrollo los fundamentos políticos.

Todo desarrollo implica la formación de capital y la organización de la actividad económica. Políticamente, implica la domesticación de la violencia y la delegación de la autoridad en aquellos que utilizarán el poder productivamente. De la misma manera que en esta introducción he pasado de Europa a África para hacer estas observaciones, en el libro pasaré de los datos históricos a los datos de las sociedades modernas en un intento de investigar estos temas.

2. LAS SOCIEDADES AGRARIAS

Todas las familias tendían por naturaleza a expandirse y el jefe de cada una de ellas quería ser más rico, para poder... aumentar el número de hombres y mujeres... de su hogar.

— GEORGES DUBY, *FRANCE IN THE MIDDLE AGES, 987-1460*, XI

Las sociedades que hoy son urbanas e industriales fueron en su tiempo rurales y agrarias. Antes de la gran transformación, la vida de su población se parecía a la vida de la que hoy reside en lo que llamamos sociedades en vías de desarrollo. Habitaba en caseríos y en aldeas, vivía de la agricultura y organizaba la producción, la vida social y los asuntos de sus comunidades alrededor de la familia.

En las sociedades agrarias, las familias organizan la producción, el consumo y la acumulación de riqueza, ya sea en dinero o en ganado, tierra o personas dependientes. También gestionan el uso del poder. A través de las redes tejidas por el nacimiento, el matrimonio y la descendencia fluye no sólo la vida sino también los asuntos del estado. Para bien o para mal, la conducta de los Habsburgo, los Romanov, los Tudor y los Borbones dictó una gran parte de la historia de lo que son hoy los países industriales avanzados de Europa. Y la Casa de Saud en Arabia, el clan Al-Tikriti en Irak, los Gandhi en la India, los Bhutto en Pakistán, los Zia en Bangladesh o las "familias dinásticas" (Paige, 1997) en Centroamérica —los Ariase, los Cristiani, los Chamorro y otros— configuran el curso de la política en los países en vías de desarrollo de hoy.

Las sociedades dominadas por los lazos de parentesco a menudo se consideran estáticas. Los sociólogos políticos, como Weber, consideran que no piensan más que en el "eterno ayer" (1958, pág. 78), por lo que están atadas a la tradición y no cambian. Los antropólogos a menudo las sitúan en el "eterno presente" y describen la vida de sus miembros como si estuviera suspendida en ámbar. Y los economistas neoclásicos, aunque admiten la eficiencia de las prácticas de esas sociedades, destacan su pobreza, que se debe, en su opinión, a que no invierten en cambio técnico (por ejemplo, Schultz, 1976). Los antropólogos marxistas (por ejemplo, Meillassoux, 1981; Godelier, 1972), forjando inconscientemente un consenso que traspasa la línea divisoria ideológica de nuestro tiempo, se suman a esta caracterización, clasificando las sociedades basadas en los lazos de parentesco en la categoría de "precapitalistas". Sus miembros pueden ocupar tierra; a través de los lazos de parentesco, pueden organizar y controlar el trabajo y, por lo tanto, dedicarse a la explotación; pero carecen de capital, por lo que sólo pueden reproducirse, no transformarse.

Este capítulo defiende el argumento de que este consenso es erróneo. Esas sociedades son dinámicas, aunque sólo sea como consecuencia del cambio demográfico; se expanden, se diferencian y se dedican al intercambio de bienes y servicios y a enfrentarse entre sí. Con todo el respeto debido a Weber, en presencia de cambio y de diferenciación, sus miembros toman decisiones racionales; con todo el respeto debido a los antropólogos marxistas y a los economistas neoclásicos, forman capital, aunque en el contexto de los lazos de parentesco, no de los mercados.

Esto me lo enseñó, en toda su dimensión, un anciano de la zona cuprífera de Zambia. Aunque esta zona fue una de las últimas regiones de África que ocuparon los británicos, pronto se convirtió en una de las más industrializadas; cincuenta años después de su ocupación, una veintena de ciudades mineras hicieron que figurara también entre las más urbanizadas. De la misma manera que los astrónomos utilizan la luz que emiten las estrellas lejanas para estudiar los orígenes del universo, así también los científicos sociales estudian la vida de la zona cuprífera de Zambia para comprender la formación de las sociedades modernas. Siendo estudiante de doctorado, viajé allí para investigar el proceso por el que las industrias crecen, las ciudades se forman y la mano de obra se congrega. "Mire detrás de usted", me dijo el anciano, "¿ve esa fundición?". Haciendo una pausa teatral, declaró: "La construí yo". Su historial de empleo confirmó que había trabajado realmente en su construcción. Por él me enteré entonces de que su familia, al oír hablar de que había nuevo empleo en la ciudad, le había dado comida e *indalama* (dinero) para el viaje; de que, una vez conseguido el trabajo, había mandado primero a por sus hermanos más pequeños y, después, a por sus sobrinos; de que, mientras estaba en la ciudad, había mandado dinero a su madre y a sus tíos y había ido a su pueblo a las bodas y funerales; y de que, cuando estaba a punto de jubilarse, mandó dinero a casa para comprar ganado y construir un cobertizo para las herramientas y un *duka* (una tienda de pueblo) en la tierra apartada para él por el cacique del pueblo, de cuya familia había entrado a formar parte su hermana por haber contraído matrimonio con uno de sus miembros.

La familia de este hombre había invertido en su emigración a la ciudad. él había ayudado a construir la planta que refinaba una gran parte del mineral extraído en Zambia. Había invertido, a su vez, en su familia y en su pueblo el dinero que había ganado en la ciudad. Durante toda su vida, este anciano minero había demostrado que en las sociedades agrarias la gente trata de buscar oportunidades y forma capital con los recursos de sus familiares.

Basándome en las ideas sugeridas por el anciano minero de la zona cuprífera, en este capítulo analizo el papel económico de las familias en las sociedades en vías de desarrollo. También evalúo el tipo de protección que procuran contra las catástrofes naturales y contra los daños que infligen los seres humanos. Aunque subrayo, por una parte, la vitalidad económica y la capacidad política de las sociedades basadas en los lazos de parentesco, por otra destaco que sus instituciones políticas limitan los logros de sus economías. Limitados por las instituciones que estructuran su vida, los miembros de las sociedades basadas en los lazos de parentesco se enfrentan a una disyuntiva entre la prosperidad y la paz, una disyuntiva de la que escapan más tarde cuando se produce la gran transformación.

Análisis económico de los lazos de parentesco

Para analizar desde un punto de vista económico las sociedades basadas en los lazos de parentesco, tal vez sea mejor comenzar con un ejemplo. De los muchos entre los que puedo elegir, seleccionaré el de los kikuyu, sociedad que habita en Kenia central. Como volveré varias veces a este ejemplo, muestro (figura 2.1) un corte topográfico de una parte de las tierras altas en las que habitan.

Las montañas de Kenia central, con su rico suelo volcánico, su clima templado y sus abundantes y fiables lluvias, constituyen para los kikuyu un lugar muy favorable para la agricultura. Cultivando judías, verduras, maíz y fruta y criando ganado, los kikuyu han prosperado y se han multiplicado, extendiéndose y descendiendo a las tierras más bajas. El ganado necesita más tierra que las huertas, por lo que cuando las tierras altas comenzaron a estar excesivamente pobladas, las familias llevaron sus cabras y su ganado a las tierras bajas. Al quedar libres las tierras que se dedicaban al pastoreo, los kikuyu dejaron espacio para plantar huertas en ellas. Los miembros jóvenes de la familia, que pastoreaban en la periferia, marcaron el territorio para construir nuevas granjas. En los lugares en los que contactaron con otros pueblos, negociaron derechos de paso para sus rebaños y derechos de ocupación para nuevos asentamientos, derechos que confiaban en convertir en derechos de propiedad por medio de la astucia o de la fuerza de los números. La expansión, la infiltración, el asentamiento y el envío de las familias más jóvenes a la periferia, es una dinámica que caracteriza la historia de este pueblo y de las unidades familiares que lo constituyen. La historia de los kikuyu es paralela en África a la de los mossi, los ashanti, los nuer, los tswana y los tiv.[1] En Latinoamérica, tiene su paralelismo en la historia de los asentamientos de Antioquia en el centro de Colombia (Parsons, 1949); en Norteamérica, en la propagación de los colonos por el

---

[1] Véase, por ejemplo, Leakey (1977); Evans-Pritchard (1940); Bohannan (1989); Werbner (1993); y Saul (1993).

Figura. 2.1. Topografía de Kenia central

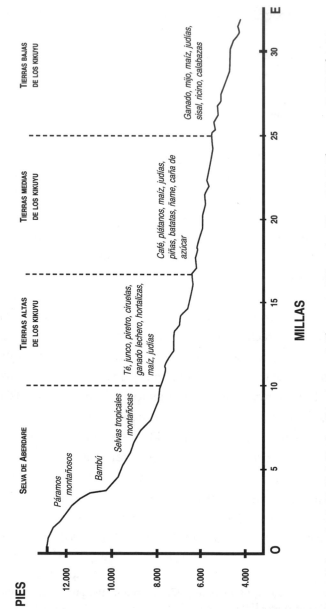

Fuente: Adaptado de D. R. J. Taylor, "Agricultural Change in Kikuyuland", en M. F. Thomas y G. W. Whittington (comps.), *Environment and Land Use in Africa*, Londres, Methuen, 1959, pág. 485.

valle de Ohio hasta entrar en las llanuras del oeste; en Asia, en la expansión de los pueblos rusos por el sur y el oeste (Blum, 1961); y en Europa, en la expansión de las tribus germánicas por el oeste y el sur adentrándose en los territorios dominados por Roma (Ausenda, 1995; Bartlett, 1993).

La historia de las sociedades agrarias, como los kikuyu, puede abordarse como una serie de temas separados. Considerados en su conjunto, aporta ideas sobre los orígenes y los límites de la prosperidad en las sociedades basadas en los lazos de parentesco.

La migración

Las primeras familias que llegan a una región tienden por naturaleza a asentarse en los lugares ecológicamente más favorecidos. Mientras que en las tierras bajas las precipitaciones pueden ser escasas, estacionales o erráticas, las montañas suelen tener un alto grado de humedad todo el año y a intervalos regulares. Mientras que en las tierras bajas las temperaturas pueden variar mucho, se mantienen relativamente estables y templadas en la atmósfera cargada de humedad de las tierras más altas, creando un clima favorable para la agricultura. Además, en los momentos de peligro, los habitantes pueden refugiarse en los reductos de las tierras altas y protegerse así de los agresores. Como ocurrió en el caso de los kikuyu, es posible, pues, que los emigrantes se asienten primero en el rico suelo volcánico de las tierras altas.

Tratando de trabajar la tierra bien y sin riesgos, las familias se establecen, pues, en los lugares más favorables. Con el paso del tiempo, a medida que se forman nuevos hogares, la población aumenta y, con ella, la densidad demográfica. Las familias, para aumentar sus provisiones de alimentos, pueden presionar a los ancianos o a los muy jóvenes para que trabajen o pueden cultivar tierras menos fértiles: las que se encuentran en suelos pobres o rocosos o en lugares más apartados o boscosos que requieren, pues, mayor cantidad de mano de obra. Como consecuencia del uso de mano de obra menos productiva o de tierra más marginal, el aumento de la población no va acompañado de un aumento comparable de la producción, por lo que el nivel medio de consumo disminuye.

En respuesta a los rendimientos decrecientes obtenidos en el núcleo central, la población comienza a expandirse por la periferia. Las familias empiezan a buscar nuevas tierras agrícolas. Dando a uno de sus miembros jóvenes comida y dinero para su viaje, los habitantes del viejo asentamiento lo despachan como si fuera un explorador y lo mandan a explorar la periferia. Una vez que éste encuentra un lugar favorable, pronto le siguen sus parientes. A medida que las familias crecen, se expanden tanto en número como en extensión, ramificándose por diversos sistemas ecológicos e infiltrándose en nuevos territorios. Adquieren, pues, nuevos recursos. La inversión en los costes iniciales de la migración genera posteriormente un rendimiento.

La familia funciona, pues, como un instrumento de expansión territorial (Sahlins, 1961) y como un instrumento de inversión. Incluso en las sociedades precapitalistas, la gente forma capital.

Los mercados

El proceso de migración provoca la dispersión de la población. Como consecuencia, las familias llegan a ocupar una serie de nichos ecológicos. Pueden especializarse, pues, en la producción y dedicarse al comercio; es decir, forman mercados y mejoran así su bienestar. De esa manera, no sólo aumentan su renta esperada sino que también reducen los riesgos a los que se enfrentan en la vida rural.

Volviendo a la figura 2.1, vemos que las tierras altas de África oriental constituyen un territorio diverso que brinda oportunidades para la especialización y el comercio. Las tierras más altas permiten extraer madera y bambú de la selva y hortalizas de los claros. A medida que desciende la altitud y la selva se vuelve menos densa, la población pasa a producir maíz, patatas y judías. La duración del periodo de cultivo se acorta a medida que disminuye la altitud, y a menor altitud la producción de maíz deja paso a la de mijo y sorgo, que maduran más deprisa. A una altitud aún más baja, las precipitaciones son inciertas y la dedicación a la agricultura en exclusiva deja paso, pues, a la cría de ganado que puede llevarse a pastar allí donde ha llovido recientemente. Las granjas que se encuentran alrededor de los lagos del valle constituyen campamentos base para los pastores, lugares en los que plantar huertas y que ofrecen oportunidades para pescar.

La diversidad del ecosistema fomenta, pues, la diversidad en la producción y, con ella, el intercambio. Los comerciantes suben a las colinas, llevando pescado, carne y cuero; bajan portando madera, hortalizas y medicinas recogidas en la selva. La diversidad también fomenta el intercambio a lo largo del tiempo. Cuando desaparecen las lluvias, termina la temporada de cultivo y comienza la recolección. Normalmente, el fin de la temporada de cultivo llega primero a las tierras más bajas; la recolección se desplaza entonces de las tierras bajas a la meseta y las estribaciones y después a las laderas de las montañas. Al final de la recolección, las familias poseen más alimentos de los que pueden consumir, por lo que muchas venden una parte de su cosecha a otras que aún no han recolectado, únicamente para comprar alimentos más adelante mientras aguardan a que maduren sus cultivos.

En este sistema ecológico diversificado, los mercados salpican, pues, las laderas de las montañas o se encuentran en los cruces de los caminos de las tierras bajas. Cada uno muestra una amplia variedad de productos, cada uno producido en su propio hábitat especial. La dispersión de los asentamientos por las laderas de las montañas y en las estribaciones, las mesetas y las tierras bajas da, pues, como resultado la especialización y el comercio.

El riesgo

Las sociedades agrarias son sociedades en peligro. Las sequías, las enfermedades, la erosión, las inundaciones; demasiada agua o excesivamente poca, estos fenómenos naturales repercuten directamente en el bienestar de las sociedades rurales. La naturaleza puede ser generosa, pero también puede ser cruel.

Las sociedades industriales poseen mercados en los que protegerse del riesgo. Es posible comprar un seguro y protegerse de las desgracias. A través de los mercados financieros, se pueden pedir préstamos en los momentos de necesidad. Pero las sociedades preindustriales carecen de esas oportunidades. En esas sociedades, la población no puede protegerse del riesgo en los mercados sino que debe asumir directamente los costes de la incertidumbre; debe autoasegurarse. Dos de las maneras más evidentes de autoasegurarse es tomar decisiones "conservadoras" y "no" especializarse.

Los tecnócratas a menudo se lamentan de la aversión de los agricultores campesinos a cultivar productos que se ha demostrado que rinden más que los que cultivan tradicionalmente. Pero los agricultores son reacios al riesgo, como la mayoría de la gente. Cuando comparan dos corrientes de renta, evalúan, pues, no sólo su media sino también su variabilidad; es ésta última la que les indica las probabilidades de que obtengan un mal resultado. Aceptan un rendimiento esperado más bajo a cambio de una varianza menor. Como consecuencia, toman decisiones "conservadoras": cultivan productos cuya cosecha, aunque sea menor, es más segura.

Los agricultores también diversifican. En lugar de especializarse en la producción de maíz o de trigo o de arroz, muchos cultivan una amplia variedad de productos; en otras palabras, cultivan "alimentos". Si los pájaros se lanzan sobre la cosecha de mijo, pueden salvar al menos las calabazas y las verduras. Así pues, los agricultores a menudo se limitan a producir para subsistir. Son reacios a plantar únicamente maizales o trigales o a especializarse en la producción de cultivos comerciales. La incertidumbre limita, pues, su grado de especialización. En un mundo dominado por el riesgo y carente de medios para paliarlo, la necesidad de autoasegurarse lleva a ser precavido.

Tanto el conservadurismo como la ausencia de especialización imponen costes. Un agricultor que se aferra a una práctica probada no puede beneficiarse del cambio tecnológico. El agricultor que cultiva "alimentos" no obtiene los beneficios que podría obtener si dedicara sus recursos al cultivo de un producto que sería rentable intercambiar por otros. Sin embargo, los costes de esta decisión, a saber, una renta menor, son compensados por el beneficio de gozar de mayor seguridad. Esta forma de proceder garantiza la tranquilidad que da el correr menos riesgos en medio de una naturaleza hostil.

En las sociedades agrarias, la gente posee otro tipo de seguro: su familia. Vuelva el lector a la figura 2.1 y recuerde el análisis que la acompaña. Los que vivían en diferentes altitudes habitaban en diferentes ecosistemas, con diferentes dotaciones de tierra, humedad, temperatura y sol. Al vivir en ecosistemas distintos, cultivaban productos distintos. Y lo que es más, también se enfrentaban a diferentes tipos de riesgos.

Es útil concebir una explotación agrícola como un activo. Genera, como cualquier activo, una corriente de renta cuyo rendimiento esperado es incierto. La media constituye una medida del valor esperado de ese rendimiento; la varianza, una medida de su incertidumbre. Es fácil imaginar, pues, que las explotaciones agrícolas situadas en diferentes puntos topográficos ¾—unas en la montaña, otras en la zona cafetera, otras en las llanuras, como se muestra en la figura 2.1— generan corrientes de renta, cada una con su propia media y su propia varianza.

En un sistema de ese tipo, tiene sentido tener una gran familia, pues el cálculo de probabilidades nos dice que el valor esperado de la combinación de dos activos independientes es la suma de sus medias. Pero también nos dice que la varianza de la combinación de dos activos independientes puede ser *menor* que la suma de sus varianzas.[2]

---

[2] Consideremos el valor de dos activos, x e y, cada uno de los cuales se distribuye aleatoriamente con varianzas $\mathrm{Var}(x)$ y $\mathrm{Var}(y)$. Repartiendo sus tenencias por igual entre los dos, un agente económico puede asegurarse una corriente de renta cuya varianza sería:

$$\mathrm{Var}(\frac{1}{4}x\frac{1}{2}+y) = \frac{1}{4}\mathrm{Var}(x) + \frac{1}{4}\mathrm{Var}(y) + 2\mathrm{Cov}(xy).$$

Como la varianza del valor de cada uno se reduce en $\frac{1}{4}$ y como la covarianza puede ser negativa, la diversificación de las tenencias reduce el riesgo.

Consideremos, por ejemplo, el caso de una familia que vive en las llanuras. De acuerdo con las reglas genealógicas, esta familia tendría derecho a una parte de los ingresos de otras familias del grupo de parientes, incluidas las que viven en la montaña. Dada la diversidad del entorno, un año malo para la familia que vive en las llanuras puede ser un año normal para la que vive a mayor altitud. Y dada la norma de la propiedad basada en los lazos de parentesco, una familia que sufre una sequía en la llanura tiene derecho a buscar refugio con los parientes que tienen la suerte de encontrarse en mejor situación. Los miembros de la familia pueden ejercer el derecho a una parte de la propiedad de otros parientes para asegurarse contra el riesgo. Por extensión, todos los miembros del grupo de parientes también se benefician de ese mismo seguro. Cada nicho ecológico puede sufrir crisis aleatorias; pero viviendo en familias que se expanden por lugares diversos, la gente reduce su exposición al riesgo.

Por otra parte, pertenecer a una familia tiene costes. Si una familia vive a baja altitud, puede tener que mantener a los parientes que viven en las zonas altas cuando las circunstancias allí no sean buenas. Pero esos costes constituyen la prima del seguro. El reconocimiento de los derechos de los miembros de la familia a una parte de la renta generada por "su" explotación agrícola da derecho a esta familia a vivir de los ingresos de los hermanos de las tierras altas cuando las cosas les van mal. El hecho de que los derechos de propiedad sean inherentes a las familias, no a los individuos, hace que éstas constituyan en sí mismas un seguro.

En un apartado anterior he afirmado que las familias proporcionan medios para invertir; los costes dedicados a la migración reducen los efectos de los rendimientos decrecientes en el núcleo y permiten consolidar activos en la periferia. En este apartado afirmo que la expansión no sólo aumenta las rentas; en la medida en que implica dispersión, también genera rentas más seguras. La dispersión de las propiedades familiares da lugar a una cartera diversificada de activos generadores de renta, reduciendo así el grado de riesgo.[3]

LAS SOCIEDADES RURALES SON DINÁMICAS. A medida que crece la población con el paso del tiempo, las familias se dispersan y se ramifican. Las sociedades rurales forman capital. Los ancianos financian la emigración de los familiares más jóvenes y de esa forma aumentan el bienestar de la familia y los recursos a los que tiene derecho. Por medio de la migración y los sucesivos asentamientos, las sociedades agrarias contribuyen a la formación de mercados y crean medios no sólo para elevar el nivel esperado de su renta sino también para reducir sus riesgos.

Las sociedades rurales idean, pues, medios para mejorar su bienestar. Y sin embargo, como ya hemos visto, su capacidad para idearlos es limitada. En ausencia de cambio tecnológico, los rendimientos decrecientes reducen el nivel de renta per cápita; a medida que crece la población, la renta media disminuye. El conservadurismo les lleva a aferrarse a cultivar productos de bajo rendimiento. Y el autoseguro constituye una forma cara de hacer frente a los riesgos; la poca especialización reduce los

---

[3] Es notable el hecho de que en las tierras altas de África oriental, las dinastías y los grupos étnicos se extiendan verticalmente en sentido ascendente y descendente por la montaña en franjas en lugar de rodear la montaña en anillos. De esa manera, reducen la covarianza entre los nichos ecológicos que ocupan.

beneficios que pueden obtenerse de los intercambios en el mercado. Los mecanismos que las sociedades agrarias emplean, aunque admirables, limitan la riqueza que pueden generar.

De la misma manera que las familias se autoaseguran contra los riesgos de la naturaleza, también se autoaseguran contra los riesgos que entraña la conducta de otros seres humanos. Pero la naturaleza de las instituciones políticas limita aún más los resultados económicos de las sociedades basadas en los lazos de parentesco. Mi tesis es que la provisión privada de seguridad por parte de la familia, aunque permite proteger la propiedad, también limita la acumulación de riqueza.

Análisis político de los lazos de parentesco

De la misma manera que los fenómenos naturales imponen riesgos a la gente, también los impone la conducta de los seres humanos. Sahlins hace hincapié en que en las sociedades agrarias las relaciones económicas no sólo tienen que ver con las instituciones sociales sino que están enraizadas en ellas (1971, pág. 8). También lo están las relaciones políticas, ya que la gente trata de hacer de su familia una fuente de seguridad y un instrumento de protección frente a las amenazas de otros.

En esas sociedades, la provisión de coacción suele ser privada. La gente no sólo produce y consume. También guerrea. Entre las artes que practica se encuentran las artes de la guerra.

Algunos guerrean para aumentar su riqueza. La historia está llena de leyendas de conquistas, en las que bandas de guerreros parten en busca de un botín. Otros dedican recursos a defender sus posesiones. Ya sea construyendo murallas, cavando fosos o retirándose a lugares apartados o formándose en el combate, perfeccionando su destreza y mejorando sus armas, o ganándose una fama aterradora, la gente trata de hacer desistir a otros de atacar su persona o invadir sus propiedades. Esa defensa es más necesaria cuanto mayor es el valor de las propiedades. Cuanto más numerosas y valiosas son éstas, mayores son los incentivos para robar y mayor, pues, la necesidad de organizar su protección.

Puesto que la migración de la gente, la acumulación de activos y el crecimiento del comercio contribuyen al crecimiento de la renta, también aumenta la tentación de dedicarse a la depredación, así como el valor de impedirla.

Un ejemplo: los nuer

Evans-Pritchard, destacado antropólogo que trabajó entre los nuer en el sur de Sudán, trató de explicar de qué manera una sociedad basada puramente en los lazos de parentesco —es decir, una sociedad que carecía de una administración, de un sistema judicial o de policía— limitaba, no obstante, los robos y defendía los derechos de propiedad (1940). Entre las explicaciones que dio había una basada en lo que llamaba "oposición segmentaria", en otras palabras, en la amenaza de represalias.[4]

Los nuer son un pueblo de pastores. Aunque tienen huertas, se dedican principalmente al pastoreo. En palabras de Evans-Pritchard, los nuer "no sólo dependen del ganado para muchas necesidades vitales sino que tienen la visión del mundo

---

[4] El siguiente apartado se basa principalmente en el capítulo 1 de Bates (1983).

del pastor. El ganado es su propiedad más preciada" (1940, 16). Señala que el ganado constituye la principal fuente de riqueza para los nuer y que la familia extendida —el padre, sus hijos y sus mujeres— constituye la unidad elemental que tiene propiedades. Cada familia trata de velar por el ganado que posee y de incrementarlo.

Para los nuer, la cría de ganado es una de las vías para alcanzar la prosperidad. Otra es la rapiña. Cada propietario podría mejorar su situación robando el ganado a otros. Y todo indica que los nuer tienen la tentación de robarlo. Roban, desde luego, el ganado a las tribus vecinas; Evans-Pritchard afirma, pues, que los nuer "arriesgan gustosamente su vida para... apoderarse [del ganado de] sus vecinos" (1940, 16). Su ferviente deseo de robar lo pone en evidencia Evans-Pritchard cuando cuenta que "como me dijo una vez mi criado nuer, le puedes confiar a un nuer cualquier cantidad de dinero, libras y libras y libras, marcharte durante muchos años y volver, y no lo habrá robado; pero una vaca, eso es otra cosa" (1940, pág. 49).

Lo enigmático, desde el punto de vista de Evans-Pritchard, era que a pesar de que los nuer podían robar y provocar enfrentamientos, en realidad tendían a vivir en relativa armonía. Cuando robaban ganado, tendían a robar el ganado de otros; el pillaje dentro de la tribu era raro. Parece que los nuer evitaban de alguna manera los efectos potencialmente negativos de la codicia y del egoísmo, incluso aunque carecieran de instituciones formales tan frecuentes en las sociedades occidentales como los tribunales, la policía y el resto del aparato del estado. Evans-Pritchard dedicó una gran parte de sus esfuerzos a averiguar cómo lograban los nuer mantener el orden en su sociedad, a pesar de no contar con esas instituciones.

Entre las diversas explicaciones que propuso, destaca una: la importancia de la disuasión. Subrayó que la sociedad nuer está muy dividida. Dentro de los pueblos, las familias son adversarias; en los conflictos que surgen en el seno del distrito más amplio, las familias de un pueblo se unen y son adversarias de las de otro; y en el seno de la tribu, el poder de un linaje frena el de otro. Los males con que una unidad podría amenazar a otra se enfrentan, pues, a la posibilidad de sufrir represalias de ésta.

Según la explicación de Evans-Pritchard, los nuer aprecian el papel de la disuasión y saben que deben comunicar de una manera inequívoca y convincente su disposición a tomar represalias para impedir ser robado. Como dice el autor, "es el hecho de saber que un nuer es valiente, que se defenderá de las agresiones y velará por sus derechos de propiedad mediante el palo y la lanza, lo que garantiza el respeto a la persona y a la propiedad" (1940, pág. 171). Lo recalca cuando distingue entre zonas de paz y de violencia en la sociedad nuer. Sostiene que es precisamente en las zonas en las que un hombre puede reclutar a un buen puñado de parientes para entrar en batalla, y de esa forma amenazar creíblemente con tomar represalias, donde es más probable que las disputas se resuelvan pacíficamente (1940, pág. 150 y sigs.). La propia disposición de los nuer a emplear la violencia constituye, pues, una razón por la que raras veces hay violencia.

La descripción que hace Evans-Pritchard de los nuer explica, en palabras de Max Gluckman (1955), que haya "paz dentro la contienda". Las sociedades que recurren a las familias para imponer los derechos de propiedad son sociedades en las que la paz está asegurada gracias al temor a las represalias. Como explica claramente Evans-Pritchard, ese sistema *puede* funcionar; al fin y al cabo, según su descripción, los nuer vivían pacíficamente, a pesar de la tentación de robar. Pero lo que no explica claramente son los elevados costes de este sistema político, costes entre los que se encuentra la pobreza de la sociedad nuer.

Los límites de los lazos de parentesco

Para que funcione la disuasión, la amenaza de la venganza debe ser creíble. Este sistema de gobierno requiere, pues, que los hombres sean guerreros, capaces de infligir daños; también requiere que estén dispuestos a tomar represalias y que se sepa que están dispuestos a tomarlas.

Cuando los estudiosos de las sociedades basadas en los lazos de parentesco investigan cómo se adquiere credibilidad, destacan el papel de las creencias. Algunos se refieren a la convicción de que los que mueren con ira en su corazón vagan errantes, como el fantasma de Hamlet, entre el paraíso y la tierra, exigiendo venganza (Hardy, 1963). Otros destacan las creencias en la brujería, señalando que los males no propiciados causan dolor, enfermedades y desgracias a los que los infligieron o a los que no castigaron a los transgresores. Esas creencias endurecen el corazón de los que podrían estar menos dispuestos a buscar la venganza. Otros estudiosos destacan el papel de los valores y especialmente la importancia del honor. Subrayan que un posible malhechor, sabiendo que otro buscará venganza por una cuestión de honor, se lo piensa dos veces antes de cometer una fechoría. En las sociedades en las que las familias se arman y se protegen a sí mismas, el valor militar se encuentra enraizado en los códigos de honor, lo que le da credibilidad como factor de disuasión.

Como sostiene Evans-Pritchard, cuando la amenaza de tomar represalias da resultados, la provisión privada de coacción puede producir paz; pero la conducta y las creencias que producen paz también fomentan la conducta que aumenta las probabilidades de que haya violencia. En esas sociedades, los lugares públicos están llenos de guerreros privados; gente que porta armas y que insinúa su disposición a emplearlas se pavonea en las plazas y forma grupos en el mercado. Los lugares públicos están poblados de provocadores; en aquellos en los que las familias están obligadas a defenderse por una cuestión de honor, los jóvenes irascibles buscan protección contra las consecuencias de su conducta desafiante. Las relaciones tienen lugar, pues, en un ambiente inestable de honor e insolencia; los jóvenes exaltados adquieren notoriedad; y una cultura machista impregna la sociedad. La provisión privada de seguridad crea, pues, una sociedad violenta. La provocación se convierte en algo habitual, pero también en algo extraordinariamente peligroso, ya que puede desatar violentas represalias.

La provisión privada de seguridad es, pues, frágil y, además, implacable. Cuando hay represalias, el honor exige que el propio castigo sea vengado. Si una persona no tiene fama de estar dispuesta a luchar, se vuelve vulnerable. No se trata sólo de que sus enemigos vean en ella una presa fácil sino de que, además, su familia y sus amigos la despreciarán, ya que su seguridad depende del apoyo que puede esperar de otros. Los incentivos para luchar son, pues, poderosos y, una vez que desaparece la concordia, se generan ciclos de represalias.

La violencia privada *puede* funcionar; puede producir paz. Pero la paz que produce es frágil. Una vez que la violencia se desencadena, el sistema inflige costes que aumentan con el paso del tiempo: las familias perduran durante generaciones, y los daños causados por una generación arrojan una maldición sobre la vida de los que la suceden. Es así como los antiguos escribieron su historia, basándose en los conflictos entre las familias y de esa forma configuraron nuestro concepto de tragedia. Incluso después de muchos siglos, la destrucción de la Casa de Atreo despierta sentimientos de pena y de temor. Y la suerte de Romeo y Julieta, víctimas de la enemistad entre dos familias, aún nos hace llorar.

Para evitar los costes de la violencia privada, la gente busca la forma de asegurarse de que no habrá represalias. Y al hacerlo, deja al descubierto otro defecto de la provisión privada de seguridad: ante los costes del sistema, la gente puede tratar de aumentar su bienestar decidiendo vivir en la pobreza. Los estudiosos de las sociedades rurales hacen hincapié en el miedo a la envidia. Otros señalan que los que acumulan riqueza pueden ser acusados de brujería y hechicería. En esas sociedades, el igualitarismo se convierte en una estrategia en la que se renuncia al consumo en aras de unas relaciones pacíficas con los vecinos. Para impedir el robo, es posible que se decida simplemente vivir sin bienes que merezca la pena robar. En esa situación, la pobreza se convierte en el precio de la paz.

A medida que se expanden las sociedades basadas en los lazos de parentesco, las familias se extienden por diversos territorios; comercian y, mejor aseguradas contra los riesgos de la naturaleza, consiguen unas ganancias económicas. Pero la naturaleza de sus instituciones políticas limita significativamente su bienestar. La seguridad que ofrecen a los productores y a los acumuladores de riqueza es frágil. Se encuentra enraizada en una cultura de provocación. Y si hay que cumplir las amenazas sobre las que se sustenta la paz, el sistema causa desolación y dolor. Las instituciones políticas de las sociedades basadas en los lazos de parentesco imponen una cruel disyuntiva: o paz, o prosperidad.

Durante mi estancia en Uganda, me aventuré a traspasar los confines de Bugisu. Al igual que otros muchos, me sumé a equipos de especialistas que trataban de ayudar a reconstruir el país, que estaba comenzando a recuperarse de la devastación infligida por el tirano Idi Amin. En los largos viajes en automóvil durante el día o mientras bebíamos algo juntos por la noche, llegué a conocer bien a algunos de mis colegas. Y ellos me ayudaron a comprender cómo se vive en un mundo sumido en la violencia. Para ellos, el derrocamiento de Idi Amin había acabado con su aislamiento profesional; Uganda había dejado de ser un estado paria y ahora podía enviar a sus técnicos al extranjero para participar en conferencias y formarse. Pero en lugar de sentirse exultantes, se sentían deprimidos. En la guerra que llevó a su derrocamiento, los pueblos y las comunidades habían conseguido armas; la población, una vez armada, comenzó a saquear las propiedades de sus enemigos y a castigar a los que antes les habían saqueado. Dentro de los distritos, los pueblos y los barrios en los que residían mis colegas, ahora los amigos y la familia se encontraban atrapados en ciclos de violencia y castigo. Dadas las circunstancias en las que vivían, ¿cómo podían disfrutar de sus nuevas oportunidades? ¿Qué sentido tenía invertir en más formación? Con demasiada frecuencia llegaban a su despacho y se encontraban con que había desaparecido un compañero o había ido al funeral de un amigo.

A medida que fuimos conociéndonos, en nuestras conversaciones pasamos de hablar de nuestra profesión a hablar de nuestros familiares y nuestros seres queridos. Me enteré entonces de una pregunta fundamental que se hacían: ¿cuál era la mejor manera de educar a sus hijos en medio de tanta violencia? ¿Cómo se enseña a un hijo a esforzarse, a ir a la escuela o a ser honrado cuando puede morir joven? ¿Y por qué va un hijo o cualquier otra persona a renunciar al hoy, cuando puede no haber un mañana?

Los miembros de las sociedades agrarias pueden invertir y lo intentan. Al igual que en el proceso de migración, sacrificando el hoy, tratan de obtener beneficios en el futuro. Sin embargo, en esas sociedades los intentos de mejorar se encuentran con límites que lo impiden. Como me enseñaron mis colegas ugandeses, cuando el futuro es incierto, la inversión, aunque deseable, puede no ser un acto racional, pues la provisión privada de coacción sólo proporciona seguridad dentro de la penumbra de la violencia.

En el siguiente capítulo, analizo la transformación del uso de la fuerza tratando de detectar las fuerzas políticas que rompen las cadenas que limitan el desarrollo de las sociedades agrarias.

3. LA FORMACIÓN DE LOS ESTADOS

Un monarca es como "un ladrón siempre al acecho, siempre
al acecho, ... siempre buscando... algo... que robar".
— CRONISTA INGLÉS DEL SIGLO XIII,
CITADO EN RALPH V. TURNER, *KING JOHN*, 3

La coacción y la fuerza forman parte de la vida diaria tanto como los mercados y los intercambios económicos. Sin embargo, en el proceso de desarrollo la coacción cambia de naturaleza. Su provisión ya no es privada sino pública. Y se convierte en un medio para fomentar la creación de riqueza en lugar de ser un instrumento para llevar a cabo costosos actos de redistribución.

Basándome en datos de la historia europea, en este capítulo analizo el paso de las sociedades rurales, basadas en la agricultura y la ganadería, a las sociedades urbanas, basadas en el comercio y la industria. También analizo el paso de la provisión privada de violencia por parte de las familias y de la comunidad, a la provisión pública de coacción por parte de la monarquía y del estado. Sostengo que estas transformaciones económicas y políticas están estrechamente relacionadas. La aparición de las ciudades dio como resultado un aumento de las rentas y la nueva riqueza provocó un aumento de los conflictos. Los especialistas en el uso de la violencia necesitaban ingresos para librar sus batallas; y los vencedores fueron los que unieron su fuerza política a la suerte económica de las ciudades. El resultado de esta alianza fue un nuevo orden político y económico, basado en el capital y en complejas organizaciones económicas, en el que la prosperidad coexistía rentablemente con la paz y en el que se empleaba la coacción, no para la depredación, sino para mejorar el uso productivo de los recursos de la sociedad.

Riqueza y violencia

En Europa, el crecimiento económico se desplazó durante los siglos XIV y XV de las ciudades-estado mediterráneas de Italia a las costas del Mar Báltico y del Mar del Norte. El descubrimiento del llamado Nuevo Mundo y el crecimiento del comercio atlántico aceleraron esta transformación y la convirtieron en un rasgo permanente de la geografía económica de Europa. La aparición de nuevas ciudades marcó el comienzo de la prosperidad y la fomentó; llevó el crecimiento económico no sólo a las zonas urbanas sino también a las zonas rurales del norte de Europa. De acuerdo con la lógica del capítulo anterior, el aumento de la prosperidad también trajo consigo un aumento de la violencia política. Las limitaciones de la calidad del orden político suministrado por la provisión privada de protección crearon una demanda de mejora del sistema de provisión. Y los especialistas en la violencia que explotaron la riqueza de las ciudades consiguieron los recursos necesarios para procurar ese orden.

La aparición de las ciudades

El Rin y sus afluentes bañan una gran parte del interior de Europa noroccidental, al igual que el Escalda y el Somme.

Arrastrando el limo de las tierras altas, los ríos crearon las ricas mesetas y tierras bajas que se encuentran próximas al mar. En Flandes, Brabante y las regiones que actualmente constituyen los Países Bajos, se formaron ciudades cerca del punto de desembocadura de cada uno de los ríos, ayudando a organizar el comercio entre las poblaciones que se concentraban en las orillas de cada río con las que vivían en las orillas de otros. En el siglo XV, algunas de estas ciudades —por ejemplo, Brujas, Gante y Amberes— se encontraban entre las mayores de Europa. Londres también constituía una parte integral de esta región en rápida expansión, debido a los estrechos lazos que mantenía con estas ciudades.

La aparición de centros urbanos está estrechamente relacionada con el aumento de la prosperidad rural. Los bienes llegaban del campo a las ciudades por río o por mar. En los almacenes y en los muelles, los mayoristas clasificaban los envíos en montones y los consignaban a los minoristas, los cuales los volvían a cargar en barcos, barcazas o carros. Los bienes salían de las zonas rurales para volver a ellas, en las que residía la mayoría de los consumidores. A medida que se expandieron los mercados, los bienes procedían de lugares más distantes; a menudo eran los burgueses los que facilitaban los servicios de transporte, ya fuera en carro por las calzadas, en barcaza por los ríos o en barco por el mar. Con el crecimiento del comercio, comenzaron a realizarse intercambios no sólo entre lugares más distantes sino también en periodos más largos. Y los burgueses añadieron entonces a los servicios que procuraban a los habitantes de las zonas rurales la provisión de crédito y la compensación de pagos.

Al aumentar la población de los centros urbanos, también

aumentó la demanda de productos agrícolas. Los residentes de las ciudades consumían, pero no producían alimentos, por lo que para conseguirlos tenían que comprarlos, reforzando así el papel de los mercados en la sociedad rural. El crecimiento de las ciudades fomentó, pues, la comercialización de la agricultura.

El valor de la tierra y el coste de transporte determinaron la respuesta de los agricultores. Las tierras próximas a las ciudades eran caras; los habitantes de las zonas urbanas competían por ellas con los agricultores, aumentando así su valor. Los agricultores de los distritos periurbanos se especializaron, pues, en la producción de verduras, cerdos y aves de corral, cada uno de los cuales utilizaba eficientemente la tierra. También se especializaron en productos lácteos que, al ser voluminosos, eran caros de transportar o podían estropearse fácilmente, por lo que era mejor producirlos cerca de los puntos de consumo. Los agricultores que vivían más lejos de las ciudades se dedicaban a actividades como la cría de ganado que utilizaba más intensivamente la tierra o producían bienes que tenían una elevada relación valor-peso, capaces de soportar los elevados costes de transporte.

La comercialización de la agricultura estimuló no sólo la provisión de servicios de los habitantes de las zonas urbanas sino también la acumulación de capital. En las regiones del delta, los inversores financiaban el desbrozo de la tierra, el drenaje de las zonas pantanosas y la transformación del limo en huertas y pastizales. Consiguiendo el control del nivel y del caudal de agua y aumentando la cantidad de tierra y su calidad, convirtieron las tierras bajas en centros tanto comerciales como agrícolas.

La aparición de la violencia

Con el aumento de los beneficios generados por la agricultura, las familias comenzaron a invertir en sus explotaciones agrícolas y a mejorarlas. Para aumentar la productividad de sus propiedades, contrataron a expertos en agricultura y a otros que sabían escribir, calcular, criar ganado y amaestrarlo, tratar con los peones y los arrendatarios o fabricar aperos de labranza. De esta manera también se procuraron fuerza física, lo que les permitió aumentar la seguridad de sus propiedades. Los vasallos estaban obligados a trabajar para su señor y tenían derecho a una corriente vitalicia de beneficios —comida y alojamiento en el hogar de su señor— a cambio de sus servicios y de la obligación, cuando se les pedía, de luchar.

Los lazos familiares permiten hacer frente a los riesgos que entrañan los fenómenos naturales. La acumulación de vasallos permitía hacer frente a los riesgos que entrañaban los actos humanos. Éstos, mientras trabajaban en el campo o en su oficio o estaban ociosos, podían movilizarse rápidamente en caso de conflicto. La provisión de sustento y el alojamiento de fornidos adláteres garantizaba un flujo de hombres en el campo de batalla, si alguien amenazaba los derechos del propietario. El crecimiento de la economía de Europa noroccidental fue acompañado, pues, de la militarización de los hogares.

La provisión privada de violencia tenía costes. Sólo los que tenían mucho que perder tenían incentivos para suministrarla. Eso significó en la práctica que la élite política y la económica acabaron siendo la misma en las zonas rurales y que las familias ricas también eran las que dominaban militarmente el interior de Europa noroccidental.

Debe señalarse que la violencia rural se concentró en las zonas más integradas en las nuevas economías urbanas. Hechter y Burstein (1980, 1081) han trazado un mapa de las "rebeliones campesinas" del siglo XV; esos conflictos a menudo eran encabezados por las élites, que movilizaban a los parientes y personas dependientes para ir a la guerra. El mapa de Hechter y Brustein (figura 3.1) indica que la distribución espacial de los conflictos rurales se corresponde estrechamente con la distribución espacial de la agricultura comercial.

En su interpretación, Hechter y Brustein (1980) señalan, además, que era en esas zonas donde había surgido el "feudalismo", así como el crecimiento económico. Mi interpretación sugiere por qué irían unidos el crecimiento económico, la violencia y la aparición de la organización política feudal. El crecimiento, al crear riqueza, genera violencia; y eran las élites terratenientes las que tenían los incentivos necesarios para ser ellas quienes organizaran la defensa de sus propiedades. El feudalismo se basaba en la provisión privada de coacción; implicaba la militarización del hogar rural. Era, pues, de esperar que surgiera en las zonas de creciente prosperidad, dada la lógica de este argumento.

Domesticación de la violencia

La prosperidad se difundió tierra adentro a lo largo de los sistemas fluviales, Rin arriba y, por el sur, hacia Francia, incorporando, a través del Canal, a Londres, East Anglia y los condados meridionales de Inglaterra. Pero junto con esa prosperidad llegó la violencia, suministrada por grupos de parientes y familias de las élites, con la ayuda de sus vasallos uniformados.

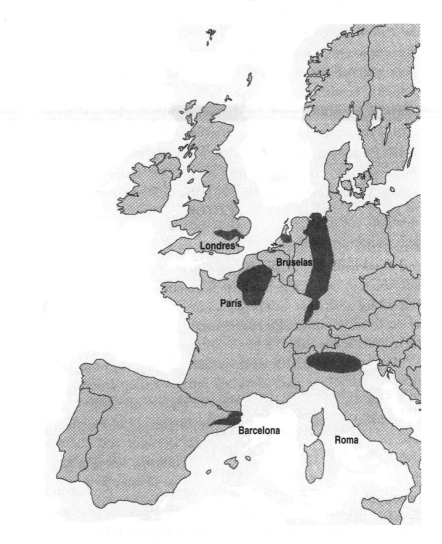

Figura 3.1. Principales zonas de conflictos rurales en
la Europa occidental del siglo XIV.
Fuente: Adaptado de Michael Hechter y Willam Brustein, "Regional
Modes of Production and Patterns of State Formation in Western Europe",
American Journal of Sociology, 1980, 85, nº5, pág. 1081. *Copyright* 1980,
University of Chicago. Reproducido con autorización.

En el curso de esta violencia, a unos grupos de parientes les fue mejor que a otros. Los que vencieron formaron dinastías gobernantes de las que salieron reyes. Fundamental en la aparición de estas monarquías —y, por lo tanto, en la aparición del estado— fue la alianza entre las dinastías militarizadas y el nuevo orden económico. Llevadas por la necesidad, las dinastías combatientes se aliaron con las ciudades, utilizándolas como fuente de financiación con la que suprimir y seducir a las élites de las zonas rurales y transformando así la estructura política de Europa.

Depredación

Para financiar sus guerras, los jefes de las dinastías gobernantes irrumpían en las posesiones de sus súbditos para confiscar el oro y las joyas que se custodiaban en ellas. Confiscaban la riqueza de sus banqueros, las propiedades de la iglesia y las posesiones de sus aristócratas. E intentaban vivir a costa de los botines que conseguían en las guerras. Se ha dicho que "la gran serie de campañas lanzadas en Aquitania, Bretaña y Normandía después de 1341" se convirtió en una "sociedad 'anónima'" en la que se arriesgaban recursos con la esperanza de conseguir acciones (Ormrod, 1990, pág. 103).

Los monarcas, en su búsqueda de ingresos con los que financiar sus incursiones militares, también aprovechaban la renta generada en sus propias tierras. Vendían madera de sus bosques; criaban ganado y cultivaban cereales; y extraían minerales del subsuelo de sus tierras agrícolas. Reclutaban e instalaban a sus arrendatarios en sus dominios, contrataban administradores y supervisores de sus propiedades; y recaudando tributos y tasas, extraían renta de sus dominios reales.

Para financiar sus guerras, los jefes de las familias gobernantes también manipulaban las reglas del parentesco. Buscando recursos económicos, cobraban tasas por los permisos para casarse. Trataban de imponer definiciones interesadas de las reglas dinásticas, obligando a los hijos a pagar para quedarse con las tierras de sus padres. Y cuando las personas que heredaban propiedades eran demasiado jóvenes o demasiado débiles para cumplir sus obligaciones políticas, quedaban bajo la tutela del rey; sus burócratas administraban entonces sus tierras, recaudando rentas por ellas o poniéndolas bajo el control de los aliados del rey. Manipulando las reglas dinásticas, los que tenían poder adquirieron así riqueza y propiedades en la economía agraria europea, y los recursos con los que financiar sus guerras.

Seducción

En su búsqueda de financiación, los monarcas también recurrieron a la riqueza de las ciudades. Pero en su intento de apoderarse de la riqueza de los centros urbanos, observaron que para conseguir ingresos era preferible la seducción a la intimidación.

Los centros urbanos podían defenderse mejor que los centros de poder rurales. Tanto una ciudad amurallada como un castillo podían neutralizar a los caballeros armados. Pero, frente al uso de un cañón, las ciudades tenían una ventaja. Dotadas de mayor riqueza y población, podían construir muros de contención para amortiguar el impacto de los proyectiles. El señor de la guerra rural carecía de recursos comparables y de un nivel similar de defensa.

No sólo era, pues, difícil tomar una ciudad sino que, además, los beneficios eran pocos. Como los activos urbanos eran móviles, la toma física de las ciudades generaba pocas recompensas. Por ejemplo, en Inglaterra Eduardo II entró en las cajas fuertes de los Caballeros Templarios para apoderarse del oro y de la plata y financiar así sus guerras; siglos más tarde, Carlos I se apoderó del oro que se había depositado para su custodia en la Torre. Pero entonces los londinenses trasladaron simplemente su riqueza, transfiriéndola de los puntos centrales en que estaba depositada a las cajas fuertes de orfebres privados diseminados por la ciudad. Y a mediados del siglo XVI, el ejército español apenas se benefició de la toma de Amberes, ya que los comerciantes y los que los financiaban simplemente huyeron a Amsterdam. Los beneficios a corto plazo de la toma de ciudades tenían, pues, un elevado coste; y como los habitantes de las zonas urbanas podían trasladar su riqueza a otros lugares para evitar la depredación de los monarcas, los beneficios eran escasos.

Ante la aparición de la economía urbana, los especialistas en la violencia tuvieron que alterar, pues, sus estrategias para conseguir ingresos. En palabras de Montesquieu, los monarcas tuvieron que "gobernar con mayor sabiduría de lo que habían previsto" (citado en Hirschman, 1977, pág. 72). En lugar de robar riqueza, tuvieron que provocar su creación. Tuvieron que mimar la nueva economía, en lugar de saquearla. Tuvieron que adoptar medidas que facilitaran el crecimiento de las ciudades.

Protección. En lo que se denomina "mercantilismo", las dinastías gobernantes promovieron activamente el crecimiento de la industria en las ciudades. Limitaron la importación de bienes acabados, protegiendo así a los fabricantes locales de la competencia exterior. Imponiendo aranceles y contingentes sobre la importación de textiles, vestido, tejido y otros artículos, permitieron que subieran los precios de estos bienes. Los gobiernos también limitaron la exportación de materias primas; levantando barreras a la exportación de madera, hierro, cobre, fibras y otros artículos utilizados en la industria, redujeron el precio interior de las materias primas utilizadas por la industria urbana. Estas medidas mercantilistas —subida de los precios de los productos acabados y reducción de los costes de producción— aumentaron los beneficios que podían obtener los fabricantes en las ciudades.

Las dinastías gobernantes no sólo protegieron a los fabricantes de la competencia exterior; también los protegieron de la competencia del mercado interior. Especialmente en Francia, los gobiernos regularon la producción de bienes de consumo básicos, concediendo el privilegio de su producción únicamente a los maestros artesanos y a sus gremios. Regulando los aprendizajes y la formación, e imponiendo restricciones sobre los materiales utilizados y los procesos empleados por los fabricantes, restringieron la entrada, limitaron la producción y permitieron, pues, que los precios fueran más altos que si los mercados hubieran sido competitivos.

Adquisición de material. Los gobiernos también contribuyeron a aumentar la fortuna de los fabricantes urbanos reduciendo los costes de los alimentos y de las materias primas. Mientras que los productores de textiles y de otros bienes manufacturados fueron protegidos de las importaciones, no ocurrió así con los productores de cereales, fibras, madera y otros productos. Los habitantes de las zonas urbanas, que consumían los alimentos, y los fabricantes, que empleaban las materias primas, podían comprar, pues, los productos agrícolas a los precios más bajos vigentes, tanto en el interior como en el extranjero.

La política de "aprovisionamiento" muestra el trato de favor que recibía la industria urbana. Los gobiernos construían silos y los mantenían; supervisaban la comercialización de los cereales y la producción de pan, así como la compra, el almacenaje y la distribución de alimentos. Mientras permitían que los fabricantes urbanos restringieran los suministros, calificaban los intentos similares de los comerciantes y de los agricultores de "acaparamiento", declarando que infringían la ley. Los gobiernos intervenían, pues, en los mercados agrícolas con medidas que bajaban los precios para los consumidores urbanos y aumentaban la fortuna de los que trabajaban en la industria urbana.

La política de los gobiernos aumentó, pues, los beneficios de la industria urbana. Promoviendo, por una parte, medidas de "elevados precios" para los bienes manufacturados, tomaron, por otra, medidas que redujeron los precios que pagaban los habitantes de las zonas urbanas por los bienes agrícolas que compraban. El consiguiente aumento de los ingresos y la reducción de los costes elevaron los beneficios de los habitantes de las ciudades.

Concesión de poder. La tercera medida que caracterizó la política mercantilista de los gobiernos fue la cesión del derecho a gobernarse a cambio del pago de impuestos. Los monarcas permitieron a los centros urbanos comprar sus "libertades"; tributando al tesoro público, los comerciantes y los burgueses podían comprar fueros al rey que les daban potestad para hacer leyes y obligar a cumplirlas, construir obras públicas, fijar y recaudar impuestos locales y decidir el uso de los ingresos públicos.

En la mayoría de los casos, para ser "ciudadano" de una ciudad, una persona tenía que pertenecer a un gremio; tenía que ser miembro de una asociación de comerciantes o de artesanos especializados en un determinado oficio. La delegación de poder en los ciudadanos de las ciudades constituyó, pues, una concesión de poder a los miembros de los sectores económicos.

Visto desde una cierta perspectiva, los fueros confirman la buena capacidad de negociación de las ciudades; la libertad de que gozaban constituye una prueba visible de los límites políticos que podían imponer a unos reyes faltos de recursos. Visto desde otra perspectiva, los fueros no implican una limitación del poder monárquico sino que indican una inversión política rentable. No se trata de una inversión en riqueza sino de una inversión en poder. Delegando en los habitantes de las ciudades el gobierno de sus asuntos, los monarcas los dotaron de poder para formar organizaciones económicas capaces de promover el crecimiento de la economía urbana y, por lo tanto, la base de ingresos del reino.

Los poderes económicos utilizaron estas potestades para promover la formación de capital. Por medio del sistema de aprendizaje, limitaron la competencia en el mercado de trabajo; también configuraron el perfil temporal de los salarios, de tal manera que los maestros artesanos pagaban unos salarios bajos a los aprendices y unos salarios más altos a los trabajadores cuando estaban totalmente cualificados. Organizando así el mercado de trabajo, los gremios hacían creíble la promesa de los empleados de que si sus patronos invertían en su formación, ellos no se irían a un taller de la competencia. Las normas sobre el aprendizaje reforzaron, pues, la capacidad de los gremios para mejorar las cualificaciones de sus trabajadores.

Los diferentes sectores económicos también utilizaron su

poder para hacerse famosos por sus productos, promoviendo así su venta en el interior y su exportación al extranjero. En virtud de los poderes conferidos por los fueros municipales, recomendaban el uso de determinados factores y de determinados métodos de producción. Trataban así de impedir que los "oportunistas" se beneficiaran del uso de métodos más baratos para producir bienes de peor calidad, que podían vender entonces con la "marca" creada por otros. Consiguiendo el poder necesario para amenazar con la imposición de sanciones, las organizaciones económicas urbanas consiguieron la capacidad necesaria para ganarse la fama de hacer productos de calidad.

Las organizaciones económicas tomaron además otras medidas para influir en la conducta de sus miembros. Crearon cargos que eran fervientemente deseados. Creando esos cargos, hicieron que la distinción y la posición de cada cual dependiera no sólo de su riqueza privada sino también de la capacidad para suministrar un servicio público. Los gremios tenían locales y comedores para sus miembros y organizaban actividades colectivas, como la celebración de los días de los santos, festividades, festivales y festines. Sus responsables regulaban la vida en los locales y en las zonas comunes del gremio. Y hacían de policías y de reguladores, procesando a los malhechores en los tribunales laborales. Una de las mayores sanciones era la expulsión de la cofradía de la comunidad y del oficio que ésta organizaba.

Las libertades concedidas a las ciudades pusieron, pues, el poder del estado al servicio de las industrias nacientes y de las comunidades que se crearon en torno a ellas. Los monarcas, invistiendo de poder a los "ciudadanos" urbanos, reforzaron su capacidad para organizar la actividad productiva. E intercambiando dinero por libertad, las ciudades ayudaron a aumentar los ingresos de los monarcas.

POR UNA PARTE, el mercantilismo constituía un conjunto de medidas destinadas a fomentar la economía urbana; por otra, era un medio para pagar las guerras del rey. Existían poderosos intereses entrelazados que iban desde la declaración de una guerra hasta la obtención de ingresos y, por lo tanto, el fomento de la actividad económica urbana. El deseo —y la necesidad— de vencer en el combate configuraron el papel económico de los gobiernos en el desarrollo de Europa.

El mantenimiento de la paz

La aparición de la industria fomentó el crecimiento no sólo de las ciudades sino también de las economías rurales. El aumento de la riqueza rural trajo consigo un aumento de la violencia privada y la formación de ejércitos privados, encabezados por las élites rurales, que trataron de robar la riqueza a otros. La desmilitarización de estos grupos dinásticos se produjo cuando, por una parte, lo exigieron los habitantes de las zonas rurales y, por otra, los monarcas llegaron a tener la capacidad para imponer el orden.

La demanda

Con la comercialización de la agricultura, la tierra adquirió más valor, por lo que las guerras aumentaron; esos conflictos, una vez que comenzaban, eran difíciles de detener. Las guerras paralizaban la agricultura y destruían cosechas, ganado, propiedades y vidas humanas. Con el aumento de la demanda de productos rurales, la paz se convirtió en un bien cada vez más valioso. Una prueba de ello es la conducta de los magnates rurales en el Parlamento de Inglaterra, que propusieron repetidamente el desarme de la gente del campo: aprobaron proyectos de ley que exigían la disolución de las compañías uniformadas, que eran grupos de guerreros con sus propias banderas y que, originalmente, se habían organizado espontáneamente (Hicks, 1995, pág. 128). En el continente, los notables locales y la clerecía organizaron movimientos en favor de la paz, pidiendo a los monarcas que entraran en sus atribulados distritos y pusieran fin a las guerras (Duby, 1991, pág. 187 y sigs.).

En Inglaterra, donde quizá se haya estudiado mejor el proceso, los monarcas respondieron movilizando el sistema local de justicia. En el sistema feudal, las familias tenían la obligación colectiva de vengar los males infligidos a uno de sus miembros; en el sistema propuesto por los monarcas, asumían también una responsabilidad colectiva, pero ahora para someter a uno de sus miembros si causaba algún mal a otros. Si no sometían al infractor, entonces las propias familias quedaban a merced del rey. El nuevo sistema aprovechó las estructuras sociales del sistema antiguo; pero, alteró los incentivos que gobernaban estas estructuras, dando como resultado, no represalias y nuevas guerras, sino el arresto de los malhechores y su entrega a los tribunales del rey.

El sistema de justicia privada había infligido enormes pérdidas, no sólo daños físicos sino también una continua incertidumbre, ya que las disputas se prolongaban en el tiempo. El nuevo sistema también tenía sus riesgos, especialmente el de acabar en sentencias y resoluciones injustas. Aunque los que imponían la ley y el orden se esforzaban en informarse, por ejemplo, formando jurados, eran personas ajenas a la situación juzgada y tenían menos probabilidades de poseer la información detallada que tenían los vecinos y los familiares. Dada la posibilidad de cometer costosos errores, hay que suponer que la preferencia por el nuevo sistema no se debió a la justicia de sus resultados sino, más bien, a su rapidez. El sistema estaba pensado para dictar resoluciones rápidas, especialmente en los conflictos sobre la tierra.[1]

Suministrando cereales, carne, madera y, sobre todo, lana a las ciudades, las tierras de labranza de Inglaterra generaban tasas tan altas de crecimiento de la renta que los habitantes de las zonas rurales deseaban fallos rápidos, incluso si les eran desfavorables. Parece, pues, que este aumento de la renta que generó la agricultura llevó a que se prefiriera un sistema que generaba resultados rápidos, aunque pudiera suponer pérdidas, a un sistema que tal vez fuera más capaz de dar unos resultados correctos, pero que era muy lento. Esto provocó el aumento de las denuncias y también la disposición a pagar las costas judiciales. Estas costas, recaudadas por el rey, cubrían con creces los costes del sistema judicial y pronto se convirtieron en una importante fuente de ingresos públicos.

Debe señalarse que durante la creación del nuevo orden político, la legislación penal se separó de la civil. Ahora el asesinato, la agresión y los ataques graves, en lugar de someterse a

---

[1] Y en los casos en los que las partes buscaban esas rápidas resoluciones, primero tenían que aceptar no apelar contra las sentencias resultantes. Obsérvese el análisis de la "usurpación reciente" (*novel desseisin*) de Hudson (1996).

los procesos civiles que permitían las indemnizaciones y la posible reconciliación de las partes contendientes, pasaron a considerarse delitos. Se trataban como delitos contra el estado. La amenaza de venganza y de represalias físicas había constituido el instrumento principal de la provisión privada de seguridad. La redefinición de esos actos como delitos graves supuso, pues, una reestructuración fundamental de los sistemas políticos y un paso en la desmilitarización de los grupos de familiares en las comunidades rurales.

La oferta

Tras ocupar el trono, Enrique I proclamó: "Declaro la paz en todo mi reino y ordeno que se mantenga de aquí en adelante" (citado en Hudson, 1996, pág. 82). Sin embargo, como aprendieron tanto él como otros monarcas, la paz no puede simplemente proclamarse; tiene que mantenerse. En el "lado de la oferta", el monarca tuvo que hacer uso de la coacción y de los incentivos, elementos que ahora estaba en mejores condiciones de procurar, dado su acceso a nuevas fuentes de ingresos.

La represión. La desmovilización de los clanes familiares y de las comunidades exigía una esmerada coordinación. Ninguna de las partes se atrevía a desarmarse unilateralmente. Y una vez desarmada, ya no podía amenazar con tomar mortíferas represalias. Justo en el momento en que iban a entregar las armas, se convertían en más vulnerables.

En situaciones en las que reinaba tanta desconfianza, era, pues, fundamental que cada una de las partes de un conflicto pudiera fiarse del poder del rey. En particular, era fundamental que cada una creyera que el rey podía capturar y acosar a los que perturbaran la paz y, además, que los capturaría y acosaría. Era fundamental que cada una de las partes creyera que el rey era tan poderoso que nadie quedaría impune si incumplía un acuerdo forjado en el proceso de pacificación.

Los monarcas, gracias a su creciente acceso a la riqueza de la nueva economía, pudieron organizar ejércitos suficientemente numerosos y poderosos para dar las garantías necesarias para desmilitarizar a los clanes familiares y a las comunidades. Aunque los señores de la guerra rurales pudieran movilizar a los vasallos, el monarca podía pagar ejércitos, formarlos y mantenerlos en el campo de batalla. Los ejércitos privados podían guerrear; los del monarca podían hacer campañas militares. El monarca tenía, pues, poder para imponer "la institución de la paz", como se conocía: "Todo el que vivía [bajo la institución] estaba estrictamente obligado a mantener la paz... El rey fue estableciendo poco a poco este tipo de acuerdos, punto por punto, en todo el país" (Duby, 1991, pág. 141).

Seducción. Como he señalado antes, las élites ya habían manifestado estar hastiadas de la guerra y habían aprobado leyes que imponían límites a los ejércitos privados. Los intereses de la élite rural a menudo no coincidían con los de sus vasallos. Obligados a castigar los daños infligidos a los miembros de sus familias, los señores de la guerra locales se veían llevados, en palabras de Hicks, a entrar "en conflictos sobre cuestiones de poco interés para ellos" (1995, pág. 151). Desde el punto de vista del monarca, las élites estaban, pues, maduras para la cooptación. Una vez más, la riqueza de los monarcas desempeñó un importante papel en la reorganización de la violencia.

Repleta de ingresos, la corte se había convertido en una fuente de privilegios (véase Peck, 1990; Root, 1994). Otorgando con criterio sus favores, el monarca podía aumentar o destruir la fortuna del cabecilla de un clan y hacer así que a las élites agrarias les interesara abandonar sus reductos rurales y afiliarse al centro. De esta manera los reyes también consiguieron la desmovilización de las zonas rurales.

Un ejemplo es la domesticación de los Percy, que habían conspirado durante mucho tiempo con los rivales que aspiraban al trono inglés, ayudando a dividir a la dinastía real y a amenazar a los reinos de los Plantagenet y los Lancaster. Durante gran parte de la historia de Inglaterra, el grito "Un Percy, un Percy", procedente del norte, infundió temor en todo el sur, incluso en la corte del rey. Sin embargo, al aumentar los ingresos del monarca, también aumentó su capacidad para domeñar al clan de los Percy. El monarca colmaba de favores a sus miembros, arrendándoles propiedades de la corona en condiciones favorables, legándoles las propiedades de los traidores o propiedades en tierras conquistadas y otorgándoles rentas perpetuas, plenos dominios y privilegios comerciales. Al igual que ocurrió con otros clanes locales, los Percy se encontraron con que su fortuna dependía cada vez más de sus lazos con la corona (Stone, 1965, pág. 250 y sigs.).

El monarca también podía destruir a aquellos a los que así favorecía. Por ejemplo, cuando Isabel I se enemistó con Robert Devereux, conde de Essex, lo primero que hizo fue revocar su monopolio sobre las importaciones de vino dulce. Sin este monopolio, Essex ya no pudo conseguir créditos de bancos o conocidos, por lo que tuvo que despedir a sus criados, reducir su séquito y abandonar la corte (Stone, 1965, pág. 481 y sigs.).[2]

En la Inglaterra del siglo XVI, cuando la reina contemplaba el panorama político, veía Bedford en el sudoeste, Pembroke en Gales, Arundel en Sussex, Norfolk en East Anglia, Derby en el noroeste y Northumberland en el noreste. En el siglo XVII, todos los magnates y sus familias habían sido derrotados o seducidos por el centro. La monarquía, al tener mayores ingresos, movilizaba más fuerza. Y canalizando la riqueza a través de la política, el monarca podía transformar la conducta de los clanes familiares rurales; cuando la posición de los cabecillas de esos clanes comenzó a depender menos del "poder territorial que de la influencia en Londres" (Stone, 1965, pág. 257), invirtieron menos en el control de su región y más en el juego de la política cortesana.

La transformación económica de las zonas rurales inspiró, pues, la búsqueda de nuevas formas de estructurar la vida política. En respuesta a las demandas de paz, los monarcas transformaron el orden local, desmilitarizando a los clanes familiares, cooptando a las élites e incorporando las comunidades locales a un sistema que calmaba los conflictos. Creando los rudimentos de lo que hoy llamamos estado, aquellos que estuvieron al frente de las dinastías dominantes reestructuraron el uso de la violencia.

---

[2] Es importante señalar que los Tudor no sólo utilizaron la concesión y la retirada de privilegios para domeñar a los Percy y a Essex, sino que también emplearon su poder para coaccionar. Isabel aplastó salvajemente la última rebelión de los Percy e hizo ejecutar a Essex por traición.

LAS LEYENDAS, LOS ROMANCES Y LAS POESÍAS que describen el proceso de formación de los estados ponen énfasis en algunos grandes temas. Uno es el de la traición cometida por las élites al abandonar cruelmente a los vasallos de las zonas rurales y dedicar sus energías a las perspectivas más rentables que ofrecían los reyes y las cortes. En Japón, encontramos relatos de samurai errantes, cuyos servicios ya no eran necesarios o reconocidos por sus clanes; en Gran Bretaña, encontramos los lamentos de los escoceses, cuyos jefes abandonaron la guerra en favor de la agricultura, limpiaron sus tierras de vasallos y obligaron a los familiares y a las personas a su cargo a abandonar su tierra natal e instalarse en el extranjero. Enrique V, cuando subió al trono, mandó ahorcar a Falstaff. Los recuerdos de ese desamparo ensombrecen el brillo que emiten las imágenes románticas de la vida antes de la gran transformación.

Como muestra *La Chanson de Roland* (*El Cantar de Roldán*), que celebra la dinastía real de la Francia medieval, la literatura de la construcción del Estado presenta un segundo tema. El romance recuerda cómo, en medio de la batalla, Ganelon que, como Roland, estaba al servicio de Carlomagno, aprovechó la oportunidad para vengarse y de esa forma puso en peligro el ejército del rey. Juzgado por sus actos, Ganelon apela al código de honor de la familia. Aunque al principio parece que sus apelaciones influyen en los miembros del jurado, éstos acaban rechazando su defensa y condenándolo por traición.[3]

El cambio de postura de los pares de Ganelon constituye un alejamiento de la ética de la venganza. Proclama la llegada

---

[3] Véase Anónimo (1990). En *The Forty-seven Ronins* se analiza un conflicto similar de lealtades en los comienzos de la era moderna de Japón (Mitford, 1966).

de un nuevo orden político que no se basa en la provisión privada de violencia sino en la provisión pública de fuerza. Leyendo el romance, se observa que la violencia no ha terminado; Ganelon muere de una muerte terrible. Pero con la llegada del estado, ahora la coacción se emplea para nuevos fines.

En la Europa histórica, los estados surgieron, pues, de la guerra. La corte adoptó medidas para fomentar el desarrollo de la economía no porque quisiera sino porque tuvo que hacerlo, pues era la mejor forma de conseguir los recursos con los que luchar. Cuando se desarrollaron los estados, la coacción no desapareció. Pero los que se especializaron en su uso alteraron los fines para los que la utilizaban, creando los fundamentos políticos necesarios para la gran transformación.

4. LA FORMACIÓN DE LOS ESTADOS EN LA ERA MODERNA

Fíjate en los males... que la vida nos depara,
El trabajo, la envidia, la escasez, el patrono y la cárcel
— SAMUEL JOHNSON,
THE VANITY OF HUMAN WISHES, LÍNEAS 159-60

En los capítulos anteriores hemos visto que el desarrollo de las naciones europeas fue fruto de las batallas libradas en el extranjero y de la búsqueda de ingresos en el interior para financiar los enfrentamientos. En éste veremos que la aparición a mediados del siglo XX de las naciones en vías desarrollo tuvo lugar en un sistema internacional en el que las grandes potencias, pensando en sus propios intereses, se dedicaron a vigilar los conflictos existentes en la periferia y a consolidar su influencia transfiriendo recursos a los países en vías desarrollo. Sostengo que estas diferencias entre los sistemas internacionales han dado un carácter distintivo al desarrollo moderno.

Aunque existen divergencias, la inmensa mayoría de los que han estudiado las sociedades en vías de desarrollo coinciden en que las experiencias de los estados nacidos después de la Segunda Guerra Mundial se diferencian de las experiencias de los estados que se desarrollaron antes, aunque sólo sea porque los primeros dominan en el entorno internacional. Estoy totalmente de acuerdo con este punto de vista. Sin embargo, discrepo absolutamente del corolario tantas veces repetido de que la pobreza y la debilidad relativas de los países en vías de desarrollo explican y, de hecho, sustentan su elección de la política económica. Mi tesis es que las diferencias son más profundas y afectan a las propias instituciones y estructuras en las que se concibe y se elige esa política.

La política económica

Paradójicamente, dado el argumento de la mayoría de los expertos en desarrollo, la política económica de los países en vías de desarrollo guarda un sorprendente parecido con la política mercantilista de sus predecesores.

Tras independizarse, los gobiernos de la mayoría de los países en vías de desarrollo adoptaron medidas de industrialización basadas en la sustitución de las importaciones. Prohibiendo las importaciones de bienes manufacturados, reforzaron los incentivos de los inversores para crear empresas que fabricaran bienes localmente. Animados por esas medidas, los propietarios de capital invirtieron en la producción local de calzado, ropa, alimentos elaborados, mantas, aceites vegetales, materiales de construcción, bicicletas y otros bienes que antes se importaban.

Apoyo a la industria

Los gobiernos protegieron las industrias nacionales restringiendo la competencia extranjera, y protegiéndolas también de la competencia local. Para reforzar los incentivos a la inversión, restringieron la entrada en los mercados, concediendo derechos de monopolio a las empresas locales favorecidas o a las empresas propiedad del propio estado.

Para fomentar la industria nacional, también adoptaron medidas que redujeron los precios de las materias primas. Los cereales, las fibras, los alimentos y la madera podían importarse libremente, si sus precios eran más bajos en el mercado extranjero que en el mercado interior. Sin embargo, si eran más altos, se prohibía su exportación. Los productores de aceite de palma se vieron obligados, pues, a vender sus productos a los fabricantes locales, aunque éstos ofrecieran precios más bajos que los extranjeros. Los productores de sisal y yute vieron limitadas sus opciones, debido al fomento de la producción local de cáñamo y cuerda. Como los fabricantes locales poseían un mercado cautivo, podían pagar unos precios más bajos por sus materias primas y obtener así mayores beneficios.

De la misma manera que los gobiernos europeos habían adaptado sus burocracias para la distribución de cereales baratos a sus centros industriales en expansión, así los países en vías de desarrollo modernos crearon burocracias para acumular, almacenar y vender alimentos a los consumidores a unos precios favorables. Los habitantes de las zonas urbanas; los funcionarios públicos, especialmente de la capital; y el ejército, todos se convirtieron en clientes de estas burocracias. Aquellos cuyo trabajo era garantizar la seguridad interior a menudo supervisaban la distribución de alimentos: por ejemplo, en Zambia, la Oficina del Presidente, o en Kenia, la Administración Provincial.

Fuente de privilegios

Para fomentar, pues, el desarrollo, los gobiernos trataron de promocionar la formación de una industria urbana. Interviniendo activamente en la economía, también hicieron del gobierno una "fuente de privilegios", al igual que sus predecesores mercantilistas. Por ejemplo, en Indonesia el gobierno permitió a la familia del presidente Suharto acumular una inmensa fortuna procedente de su participación en una "maraña de empresas" (más de quinientas en total) cuya fortuna era favorecida por su política. El gobierno de Suharto concedió a sus hijos, a sus aliados militares y a sus favoritos políticos el derecho a controlar las exportaciones de petróleo, madera y minerales y la importación de plástico, armas y piezas de repuesto. Su gobierno presionó a los bancos para que concedieran préstamos a bajos tipos de interés a los favoritos políticos e hizo que no fuera aconsejable para ellos exigir su devolución. Se dice que la familia y sus amigos "pose[ían] o control[aban] a través de sociedades unos 3,6 millones de hectáreas de suelo en Indonesia, una superficie mayor que la de Bélgica".[1]

Otro ejemplo es la política activista del gobierno de Kenia tras la independencia. Los hijos, las hijas y las mujeres del presidente Jomo Kenyatta recibieron préstamos, concesiones y propiedades, incluidas granjas en las tierras altas, propiedades en las zonas cafeteras, casas en Nairobi y hoteles en las playas del océano Índico. El gobierno de Kenyatta eximió a los favoritos presidenciales de la ley de control del suelo, permitiéndoles así desarrollar propiedades comerciales en suelo público, incluidas

---

[1] *Time* (Asia), 24 de mayo de 1999, pág. 12.

las famosas reservas de caza de Kenia. Con préstamos subvencionados del banco agrícola estatal, algunos compraron propiedades a colonos blancos y formaron una clase terrateniente en las tierras altas. Con préstamos subvencionados del banco comercial estatal, otros adquirieron franquicias de multinacionales y el derecho exclusivo a importar y distribuir sus productos. Con préstamos subvencionados del banco industrial estatal, otros crearon empresas para producir ropa, calzado y bebidas embotelladas, que eran productos protegidos de la competencia extranjera mediante aranceles y de la competencia interior por medio de contratos de licencia.

De la misma manera que los monarcas de los estados europeos, los presidentes de los estados recién independizados utilizan el poder económico del estado no sólo para premiar sino también para castigar. Recuerdo que estaba trabajando en Kenia occidental poco después de que Daniel arap Moi sucediera a Jomo Kenyatta como presidente de Kenia. Con el cambio de poder, la suerte de los políticos de la élite había cambiado. Viajando por las tierras altas, encontré a la entrada de las explotaciones agrícolas unos carteles en los que se anunciaba con grandes letras la subasta de ganado, maquinaria agrícola, edificios y tierras. Los políticos, al caer en desgracia, se encontraron con que se les cancelaban o se les reclamaban sus préstamos, se les retiraban sus subvenciones o se exponían a la competencia sus líneas de negocio, que hasta entonces habían sido protegidas por el estado. Algunos a los que había visto antes, acicalados y satisfechos, en los hoteles de Nairobi ahora me los encontré en bares de la zona rural, demacrados y temerosos, contemplando la magnitud del revés que habían sufrido.

Para fomentar el desarrollo, los gobiernos modernos han

tratado de industrializar. Su política de industrialización basada en la sustitución de las importaciones creó empresas, sociedades, proyectos y nuevas actividades comerciales, así como una clase económicamente privilegiada cuya fortuna dependía del favor político. Jean-Baptiste Colbert, uno de los principales defensores del mercantilismo, dijo en una ocasión de los gremios que estas "sociedades son como eslabones de una gran cadena cuyo comienzo está en [sus] manos" (Heckscher, 1955, pág. 217). De forma parecida, los gobiernos modernos colocaron a sus partidarios en nichos rentables de la nueva economía y ataron así a las élites locales al centro político.

En la literatura moderna sobre el desarrollo, los estudiosos hacen hincapié en la influencia de las economías ya desarrolladas en las economías en vías de desarrollo. Se dice que el poder económico de las primeras distorsiona la política económica de las segundas. Pero según el presente análisis de la política de las sociedades en vías de desarrollo modernas, éstas se parecen notablemente a la política de los estados avanzados cuando estaban desarrollándose.

Diferencias

La estructura mundial del poder existente después de la Segunda Guerra Mundial, si no influyó decisivamente en la política económica de los países en vías de desarrollo, sí influyó en sus estructuras políticas y de un modo que afectó profundamente a su desarrollo. El sistema internacional limitó el uso de la fuerza en otros países y creó fuentes internacionales de ingresos públicos. Determinó, pues, la manera en que las élites gobernantes del mundo en vías de desarrollo gobernaron en el periodo posterior a la Segunda Guerra Mundial, así como la naturaleza de las instituciones que forjaron al mismo tiempo.

El sistema internacional

Los países europeos quedaron debilitados por la Segunda Guerra Mundial tras tantos años de enfrentamientos. Tan terrible fue el conflicto que prometieron la independencia política a sus colonias a cambio de su ayuda; y tan escasos de recursos económicos estaban que después de la guerra no pudieron incumplir esas promesas. Tras el conflicto, las únicas potencias mundiales que quedaron fueron la Unión Soviética y Estados Unidos. Ambas podían movilizar la industria pesada para la guerra; ambas poseían armas nucleares. Dados los recursos que podía movilizar cada una, su rivalidad se extendió por el mundo.

No existía ningún gobierno internacional, y los conflictos entre la Unión Soviética y Estados Unidos se parecían a los que caracterizan a las sociedades que carecen de estado. Cada uno de los adalides políticos lideraba una "familia", es decir, una red de dependientes y aliados; cada uno poseía un "barrio", Europa oriental en un caso y Latinoamérica y Centroamérica en el otro. La premisa del sistema de seguridad creado tras la Segunda Guerra Mundial era la integridad territorial de los estados. De la misma manera que la violación de las propiedades de una familia podía desencadenar represalias en los sistemas basados en los lazos de parentesco, la violación de la soberanía territorial ahora podía provocar respuestas en el sistema internacional. El modelo de orden político se parecía, pues, al de un feudo.

Dada la ausencia de un gobierno internacional, la seguridad del sistema internacional dependía, al igual que en el sistema basado en los lazos de parentesco, de la capacidad para proferir amenazas que fueran creíbles y capaces de impedir la agresión. Los peligros que entrañaba este sistema también se parecían, pues, a los que caracterizaban a los sistemas basados en los lazos de parentesco: las pequeñas transgresiones podían desencadenar costosos conflictos, ya que los agentes trataban de preservar la credibilidad de su reputación. Tanto la Unión Soviética como Estados Unidos valoraban las posesiones que tenían en el mundo industrial avanzado. Ninguno de los dos concedía un valor comparable a las posesiones que tenían en la periferia menos desarrollada. Mientras que estaban dispuestos a arriesgarse a hacer arder el mundo en una lucha por Berlín, ninguno de los dos deseaba hacerlo en un conflicto por Bamako. A las potencias mundiales les interesaba, pues, invertir en medios para mantener la paz y, de hecho, se unieron para crear instituciones que redujeran las probabilidades de llegar a las manos en lo que consideraban las regiones más apartadas de la tierra.

Las grandes potencias crearon las Naciones Unidas para reducir ese peligro. A través del Consejo de Seguridad, podían calificar un conflicto de posible amenaza para la paz y la seguridad internacionales; las Naciones Unidas podían prestar servicios para mantener la paz, ya fuera mediante mediadores o fuerzas armadas. Permitiendo a las grandes potencias frenar la posible escalada de pequeños conflictos, las Naciones Unidas defendían así sus intereses; limitaban su participación en los conflictos que tenían un interés marginal para ellos.

Los países recién independizados que surgieron después de la Segunda Guerra Mundial quizá no tuvieran burocracias militares capaces de ir a la guerra, burocracias financieras capaces de garantizar una economía o un crecimiento estables o gobiernos capaces de desmilitarizar los sistemas basados en lazos de parentesco y en las comunidades locales. De hecho, quizá no fueran, pues, estados. Pero para reducir las tensiones políticas y fomentar la paz mundial, fueron proclamados naciones soberanas, dentro de la estructura de instituciones políticas creada después de la guerra.

El imperativo de los ingresos

Muchos de los estados que participaron en la Segunda Guerra Mundial se habían creado a comienzos de la Edad Moderna y habían sido el resultado de enfrentamientos armados. En cambio, el sistema posterior a la guerra frenó los impulsos militares de las naciones recién independizadas. Los países en vías de desarrollo se encontraron con una situación internacional diferente de la de sus predecesores en otro aspecto fundamental: las fuentes extranjeras de financiación del Estado eran abundantes, en comparación con las de sus predecesores. Los estados se encontraban dentro de líneas internacionales de influencia que partían de Washington y de Moscú. A algunos se les pagaba para que *no* hicieran guerra. Estas diferencias de carácter entre los sistemas internacionales configuraron la naturaleza de estos Estados y las características de sus instituciones.

Los primeros estados modernos. En un intento de financiar sus guerras, los monarcas europeos habían tratado de extraer más recursos de sus economías. Tanto para recaudar impuestos como para pedir préstamos, se encontraron con que era necesario reestructurar sus relaciones con aquellos a los que pedían que asumieran los costes del estado. El imperativo económico ¾la necesidad de recursos y la necesidad de obtenerlos dentro del reino¾ se convirtió en un imperativo político y configuró sus instituciones de gobierno.

En su búsqueda de fondos con los que financiar sus ejércitos, los monarcas extendieron la base imponible de los "bienes inmuebles" a los "bienes muebles", es decir, a los artículos que se podían comerciar, transportar u ocultar (Prestwich, 1972; Mitchell, 1951). Era fácil eludir el pago de los impuestos sobre los bienes muebles; para impedirlo, el monarca necesitaba, pues, la cooperación de los dueños de esas propiedades. A medida que aumentaron los costes de la guerra, los monarcas sagaces eligieron, pues, sus aventuras militares con la vista puesta en las opiniones de los contribuyentes, para conseguir el máximo apoyo para su política y aumentar su disposición a financiarla (Rosenthal, 1998).

Cuando una intervención militar tenía que ser ratificada para ser financiada, entonces también era necesario que quienes aprobaban esos proyectos participaran en la negociación *plena potesta*, es decir, totalmente dotados de poder para comprometer a su comunidad. Algunas instituciones civiles, como los consejos de plebeyos y las formas parlamentarias de gobierno eran el cauce a través del cual llegaban a acuerdos los propietarios de activos privados, que proporcionaban el dinero, y los especialistas en la violencia, que los demandaban para financiar sus guerras. Estas formas de representación fueron, pues, un subproducto institucional del intento de transformar la riqueza privada en ingresos públicos.

Las guerras asestaban a la economía duros golpes, cuya magnitud fue aumentando con la sofisticación de los instrumentos de combate. Llegó un momento en que los monarcas no pudieron extraer de sus economías los recursos necesarios para financiar todos los gastos de una guerra, por lo que aquello que no pudieron obtener mediante impuestos, trataron de pedirlo prestado.

Cuando los gobiernos necesitaban préstamos, éstos eran mucho mayores que los que necesitaban los prestatarios privados. Las deudas contraídas en el comercio privado eran a corto plazo y a menudo servían meramente para financiar una transacción. En cambio, las deudas del reino duraban mucho, por lo menos lo que duraba una campaña militar y, a veces, durante enfrentamientos prolongados. Además, los préstamos al comercio entrañaban pocos riesgos: los prestamistas podían confiscar los bienes de los deudores. Pero los préstamos al gobierno eran más arriesgados: los monarcas, al ser soberanos, podían negarse a devolverlos.

Para que los que tenían capital estuvieran más dispuestos a prestarlo, los gobiernos buscaron, pues, formas de ofrecer seguridad a sus acreedores. Permitieron a los banqueros convertirse en "recaudadores de impuestos", recaudadores de derechos de aduana o administradores de los territorios conquistados; el derecho a los impuestos y las rentas les permitía tener la seguridad de que podrían recuperar los préstamos otorgados al tesoro. Los monarcas también concedieron monopolios a sus acreedores; las sociedades mercantiles creadas en virtud de una cédula real y los proveedores autorizados, seguros de obtener elevados beneficios de los monopolios creados por el rey, estaban dispuestos a correr el riesgo de conceder préstamos. Sin embargo, esas medidas sólo mitigaban en parte la preocupación de los inversores, pues de la misma forma que los monarcas podían no devolver sus deudas, también podían derogar esos acuerdos. Por tanto, los costes de pedir préstamos seguían siendo altos, ya que los acreedores exigían una compensación por prestar grandes cantidades durante mucho tiempo a unos gobiernos que podían incumplir impunemente sus obligaciones.

En la medida en que los gobiernos europeos "resolvieron" el problema de la financiación de la deuda pública, lo resolvieron basándose en las mismas instituciones que habían forjado para recaudar impuestos, es decir, en sus parlamentos. La Inglaterra del siglo XVII es el ejemplo más convincente. Como antes los Habsburgo, los franceses codiciaban la riqueza de los países bajos; los holandeses temían, pues, que se reanudara la guerra. Contemplando el sistema de gobierno existente al otro lado del Canal, los holandeses veían tanto una oportunidad como un peligro. Observaban la riqueza de la economía inglesa, pero les preocupaba el peligro que suponía el sistema de gobierno y, en particular, la dinastía gobernante, los Estuardo, que tenía preferencias religiosas y necesidades financieras que los hacía vulnerables a las presiones de Francia. Construyendo una flota que rivalizó en tamaño con la Armada española, los invasores holandeses se unieron a los enemigos ingleses de la familia Estuardo, la derrocaron y la sustituyeron por su propia familia gobernante, la Casa de Orange. Ésta había aprendido hacía mucho a financiar, levantar y equipar a un ejército disciplinado. El sistema de gobierno holandés consistía en una federación de asambleas urbanas. Su dinastía gobernante había aprendido que el cauce más eficiente para movilizar recursos eran los parlamentos.

Para hacer frente a la preocupación de los acreedores, Guillermo de Orange aceptó, pues, la soberanía del parlamento de Inglaterra, lo cual significa, en este contexto, dos cosas específicas. La primera es el control parlamentario de la política: él, el especialista en la violencia, sólo combatiría en las guerras que el parlamento accediera a financiar. La segunda es el control parlamentario de la hacienda pública, lo cual implicaba el control tanto de los impuestos como de la financiación de la deuda pública. En efecto, los que controlaban la riqueza de la nación ahora sólo tendrían que financiar los proyectos que estuvieran dispuestos a pagar. Habiendo cedido la soberanía a los que controlaban la economía privada, el monarca ya no podía hacer y deshacer promesas caprichosamente. Limitando su poder, el monarca aumentó su crédito y redujo así los costes de los préstamos. Los holandeses, tan astutos en la búsqueda de soluciones políticas a los problemas financieros como en las guerras, transformaron las instituciones políticas inglesas de tal manera que dieron garantías políticas a los inversores y aumentaron los ingresos de estado y los recursos de su ejército.

La necesidad de obtener recursos financieros de los ciudadanos —por medio de los impuestos y de la deuda pública— para financiar las guerras produjo, pues, una estructura característica de las instituciones políticas en los primeros estados modernos.

Las naciones en vías de desarrollo. La pérdida de importancia del imperativo militar en el mundo en vías de desarrollo llevó a una relación entre las élites políticas y la ciudadanía diferente de la que había surgido en Europa. Los gobiernos de las naciones en vías de desarrollo eran menos tendentes a ver en su economía un recurso estratégico que había que alimentar y bruñir como si fuera un barco o una pistola. Había, desde luego, excepciones: tanto los japoneses, que derribaron el imperio Tokugawa, como los turcos, que derribaron el imperio de los otomanos, trataron de forjar estados capaces de repeler las amenazas militares extranjeras. Para conseguir la seguridad militar, trataron de construir una economía fuerte, capaz de financiar un ejército suficientemente poderoso para detener a los que lo eran más. Pero a excepción de estos casos, fueron pocos los gobiernos que se sintieron llevados a reforzar su economía política o a hacer la política económica pensando en su seguridad internacional.

Otra razón más para no tener que generar recursos en el interior era que, explotando las rivalidades de la guerra fría, los gobiernos de las naciones en vías de desarrollo podían conseguir ingresos del exterior. Por ejemplo, cuando Cuba se alió con la Unión Soviética, Estados Unidos aumentó enormemente su ayuda al desarrollo destinada a los países de Latinoamérica. La Organización de Estados Americanos (OEA), que era inicialmente una alianza para mantener la seguridad, se convirtió en un foro para proponer y financiar programas de desarrollo. En el seno de la OEA, Estados Unidos forjó la Alianza para el Progreso con Latinoamérica, destinada tanto a ayudar al desarrollo de la región como a garantizar el respaldo político de sus gobiernos.

En otras partes del mundo surgieron modelos parecidos. Por ejemplo, para contrarrestar la amenaza de la influencia soviética en África, Estados Unidos respaldó la subida al poder de Joseph Désiré Mobutu, que derrocó a un régimen que no quería o no podía contrarrestar a las fuerzas radicales en el Congo. Alentados por la creciente oposición al régimen de la minoría blanca de Suráfrica, los políticos de los estados vecinos buscaron cada vez más el apoyo de China, Rusia y Cuba. En cambio, Mobutu (que más tarde cambió su nombre por el de Mobutu Sese Seko) se benefició cada vez más de su firme disposición a oponerse a sus iniciativas. Recibió mayores cantidades de ayuda a cambio de ofrecer un paraíso seguro a los opositores al régimen socialista de Angola y de permitir el uso de su territorio para armar a los que combatían a las fuerzas de Cuba en el sur de África.

Bajo el mandato de Mobutu, el sistema de carreteras de Zaire se desintegró; sus maestros y funcionarios públicos no cobraron durante meses; sus hospitales, clínicas y escuelas se deterioraron; sus exportaciones agrícolas se hundieron; sus ricas minas apenas funcionaron. No obstante, Estados Unidos continuó financiando a Mobutu y a su gobierno, permitiéndoles sobrevivir, incluso mientras destruían la economía de su país.

Durante la guerra fría, Estados Unidos fue criticado frecuentemente por apoyar regímenes que violaban sus principios democráticos. Como muestra el caso de Mobutu, Estados Unidos a menudo se alió con dictadores y gobiernos autoritarios. Aunque la hipocresía jugó ciertamente su papel, el presente análisis apunta a fuerzas más profundas. Apoyándose en las fuerzas desatadas por la guerra fría, las élites locales del mundo en vías de desarrollo no temían caer si perdían popularidad; gracias a la financiación que recibían por las transferencias de ayuda exterior, tampoco necesitaban negociar con sus ciudadanos para conseguir ingresos públicos. No necesitaban, pues, ser sensibles a su pueblo o democráticas en su política, ya que no existían los tipos de presiones que en el pasado habían obligado a los gobiernos a convertirse en democracias. Es posible, pues, pensar que no es que Estados Unidos tuviera atracción por los dictadores sino que, de alguna manera, los fue creando, al entorpecer las fuerzas de la transparencia que, en una era anterior, podrían haberlos forzado a ser democráticos.

LOS ESTADOS MÁS ANTIGUOS NACIERON DE LA GUERRA. En su búsqueda de recursos, los monarcas idearon formas de persuadir a los que disponían de ellos para que pagaran los costes del gobierno y asumieran sus deudas haciendo creíbles sus promesas de devolverlas. Para aumentar su seguridad exterior, los reyes crearon sistemas políticos en el interior que facilitaron la disposición de los que tenían capital a financiar los costes del gobierno. La creación de instituciones políticas liberales fue, pues, el resultado de la inseguridad militar y la necesidad de ingresos públicos para financiar la defensa.

La situación internacional con que se encontró el mundo en vías de desarrollo tras la Segunda Guerra Mundial apenas daba incentivos para comportarse de esa forma. Los gobernantes de las regiones en vías de desarrollo no necesitaron crear instituciones que los acercaran a aquellos que podían financiar los costes del gobierno. La amenaza militar era menor y las fuentes exteriores de capital más abundantes. Los gobiernos de los países en vías de desarrollo tenían, pues, menos incentivos para crear instituciones políticas liberales. El sistema internacional no forzó una política económica diferente de la que eligieron los primeros estados modernos en Europa, pero sí engendró unas formas políticas distintas.

5. Crisis que afectaron al sistema internacional a finales de siglo

...donde la paz
Y la tranquilidad nunca pueden habitar, la esperanza nunca llega
— John Milton, *El Paraíso Perdido*, Libro I, Líneas 65-66

Tras lograr la independencia a mediados del siglo XX, los países en vías de desarrollo entraron en un sistema económico y político configurado por el conflicto entre las dos grandes potencias. Sin embargo, en las dos últimas décadas del siglo XX, la situación internacional cambió profundamente. A principios de los años ochenta, las perturbaciones sufridas por la economía internacional precipitaron la crisis de la deuda; menos de una década más tarde, la caída de la Unión Soviética puso fin a la guerra fría. Estos cambios del sistema internacional influyeron profundamente en la política económica de los países en vías de desarrollo, en la naturaleza de su política y en la estructura de sus instituciones.

Con la crisis de la deuda, cambiaron las opciones de los países en vías de desarrollo. Los gobiernos se vieron obligados a recortar más su gasto y a adoptar una política económica más liberal. Con el fin de la guerra fría, los países industriales avanzados concedieron menos prioridad a frenar la extensión de la violencia en el mundo en vías de desarrollo. El resultado de la crisis de la deuda y del fin de la guerra fría fue un cambio de la política económica y de los modelos internos de política.

Hay tres tipos de estudios que abordan los cambios políticos ocurridos en las últimas décadas del siglo XX. Uno centra la atención en la reforma de la política y los otros dos en la democratización y en la violencia. En este capítulo defiendo la existencia de estrechas relaciones entre los tres fenómenos y sostengo que puede ser útil investigarlos conjuntamente. Creo que todos tienen un trasfondo común, que son los cambios que experimentó el sistema internacional a finales de siglo.

El cambio del contexto económico

A principios de los años ochenta, la economía mundial cayó en una recesión y el mundo en vías de desarrollo en una crisis de la deuda. Una de las causas de esta crisis de la deuda se encuentra en los propios países en vías de desarrollo y se debe a su política de desarrollo; otras causas se hallan fuera de su control. Examinaré primero su política de desarrollo.

Los gobiernos de los países recién independizados habían tratado de conseguir inversiones extranjeras levantando barreras a las importaciones, intentando así inducir a las empresas extranjeras a importar plantas y equipo industriales que les permitieran fabricar los bienes localmente. La protección ofrecida provocó, naturalmente, una subida de los precios en los mercados interiores. Los exportadores se encontraron con que, dadas las subidas de los precios, podían comprar menos con sus ingresos procedentes de las ventas al extranjero, por lo que disminuyeron los incentivos para exportar. Las propias medidas que fomentaron el aumento de la importación de planta y equipo hicieron, pues, que los países en vías de desarrollo se quedaran sin divisas y dependieran de los créditos extranjeros.

La política económica de los países en vías de desarrollo hizo, pues, que éstos dependieran estructuralmente del capital extranjero. Las medidas adoptadas por otros países —en particular, por los países exportadores de petróleo— debilitaron aún más su posición en los mercados internacionales. En la década de 1970, los países productores de petróleo duplicaron el precio de sus exportaciones. Sus objetivos eran inicialmente las economías desarrolladas occidentales, cuyas industrias consumían ingentes cantidades de energía y cuyos ricos habitantes llevaban, en su opinión, demasiado tiempo pagando excesivamente poco por el petróleo. Aunque los países occidentales fueran las víctimas a las que iban destinadas estas subidas de los precios, muchos países en vías de desarrollo, que importaban petróleo, también resultaron afectados. De hecho, sufrieron por partida doble: una vez por el aumento de los costes de las importaciones de petróleo y otra por la reducción de sus exportaciones, ya que las economías industriales avanzadas, afectadas por el aumento de los costes de la energía, redujeron su consumo de otros bienes, incluidos los que importaban de los países en vías de desarrollo.

La política de sustitución de las importaciones ya había puesto en peligro las balanzas comerciales de estos países. Las enormes subidas de los precios del petróleo acrecentaron los déficit. Sin embargo, paradójicamente la propia crisis que había puesto en peligro los países en vías de desarrollo también palió temporalmente el problema. Pero sólo a corto plazo y, de hecho, agravó el hundimiento económico posterior.

En lugar de dejar ociosas sus nuevas riquezas, los estados exportadores de petróleo las colocaron en bancos, que las prestaron, a su vez, en los mercados internacionales de crédito. Entre los clientes de estos bancos se encontraban los gobiernos de los países en vías de desarrollo, que buscaban préstamos que les permitieran mantener sus programas de desarrollo, aun a pesar de la subida de los precios del petróleo. Al principio, los costes de esos préstamos se mantuvieron bajos. El capital era abundante y, por lo tanto, barato. Y dada la galopante inflación de Estados Unidos, las deudas contraídas en un determinado momento podían devolverse más tarde en dólares de menor valor. Los países en vías de desarrollo, ante su necesidad de capital extranjero ¾que se debía tanto a su tipo de programas de desarrollo como al incremento de los costes del petróleo¾ se encontraron, pues, con un sistema bancario internacional rebosante de dólares que podían pedirse prestados en condiciones favorables. Y muchos pidieron préstamos, aumentando aún más su deuda.

Lo que llevó a los países en vías en desarrollo a suspender el pago de la deuda, a los acreedores extranjeros a batirse en retirada y provocó, pues, la crisis real de la deuda, fue un brusco incremento de los costes de los créditos, desencadenado por una vertiginosa subida de los tipos de interés. Decidido a poner fin a la inflación en Estados Unidos, Paul Volcker, presidente del Sistema de la Reserva Federal, subió radicalmente el tipo de interés en los mercados de Estados Unidos. Sus medidas provocaron una profunda recesión en la economía estadounidense, por lo que las exportaciones al mayor mercado del mundo disminuyeron, lo que dio como resultado una escasez de dólares con los que devolver los préstamos extranjeros. Y al desaparecer la inflación y subir el tipo de interés real, los costes de la devolución de la deuda aumentaron.

En agosto de 1982, México anunció que no podía cumplir las obligaciones contraídas con sus acreedores; los bancos, al consultar sus cuentas, se dieron cuenta de que los problemas que tenía México también los tenían otros muchos países. Temiendo nuevas suspensiones del pago de la deuda, las fuentes privadas dejaron, pues, de prestar a los países en vías de desarrollo. Una gran parte del mundo en vías de desarrollo ya no pudo pedir préstamos, ni siquiera para devolver los ya obtenidos. Las tensiones estructurales causadas por la política de sustitución de las importaciones, unidas a la subida de los precios del petróleo y del capital y, después, a la suspensión del pago de la deuda de México, que hizo que cundiera el pánico entre los prestamistas extranjeros, alteraron radicalmente el clima económico al que se enfrentaban los países en vías de desarrollo.

Cambios en el contexto político

En su avance hacia Berlín al final de la Segunda Guerra Mundial, las tropas soviéticas fueron ocupando los países de Europa oriental y montaron guardia mientras los partidos comunistas se hacían con el control de sus gobiernos. Incluso en los países que escaparon a la ocupación soviética, los partidos comunistas continuaron teniendo una imponente presencia, haciéndose casi con el poder en Grecia y contando con un gran número de seguidores en Italia y en Francia. La influencia política de la Unión Soviética iba, pues, más allá del alcance de sus fuerzas armadas. Para combatirla, Estados Unidos realizó enormes inversiones en la reconstrucción de las economías europeas desgarradas por la guerra. También comenzó a rearmarlas. El fin de la Segunda Guerra Mundial no fue más que el preludio de la guerra fría posterior.

Las tensiones causadas por la rivalidad entre las grandes potencias, aunque se centraron en Europa, se extendieron a todo el mundo. En Malasia, Indonesia, Vietnam y Filipinas los partidos comunistas trataron de emular el éxito del chino derribando a los gobiernos de sus países. Actuando a través de grupos de estudiantes, sindicatos y asociaciones culturales, la Unión Soviética apoyó estos movimientos y fortaleció también a los aspirantes a revolucionarios en el sur de Asia, Oriente Medio y África. Y cuando a finales de los años cincuenta Cuba se alineó con la Unión Soviética, sirvió de base política para la expansión de la influencia soviética en el hemisferio occidental, penetrando así en las defensas regionales de Estados Unidos.

En su lucha por la primacía mundial, tanto Estados Unidos como la Unión Soviética reclutaron aliados en otros países. Cada confederado extrajo, a su vez, un precio. Fidel Castro consiguió de Moscú subvenciones para su presupuesto y su ejército y el acceso a petróleo barato. El gobierno de Egipto recibió ayuda soviética para la construcción de la presa de Asuán; el gobierno de Somalia, un nuevo puerto. Y los gobiernos de toda Latinoamérica consiguieron ayuda de Estados Unidos tanto para sus burocracias civiles como para sus ejércitos, aumentaron la inversión privada y garantizaron los precios de las exportaciones de café, principal cultivo comercial de la región.

La victoria posterior de Estados Unidos no se produjo en el campo de batalla; Estados Unidos nunca ejerció presiones directas sobre las fuerzas de la Unión Soviética. Su estrategia consistió, más bien, en construir una marina mayor, sumándole nuevos portaviones, cruceros y submarinos, en reclutar un ejército de tierra mayor y muy móvil y en conseguir nuevas armas para sus fuerzas aéreas, basadas en nuevas tecnologías. Los responsables de la seguridad del Estado de la Unión Soviética, dándose cuenta de que su economía limitaba su capacidad para equipar de la misma manera sus fuerzas armadas, respaldaron la llegada de un reformador, Mijail Gorbachov. Para renovar la economía, Gorbachov intentó reformar el sistema de gobierno, desatando fuerzas que acabaron provocando la caída del sistema político y el fin de la guerra fría.

Los países en vías de desarrollo aparecieron en la escena internacional al comienzo de la guerra fría. A finales de siglo, ésta terminó bruscamente. Mi tesis es que la crisis ocasionada por la caída de la Unión Soviética agravó las fuerzas desatadas por la crisis de la deuda, provocando cambios en la política económica y la reestructuración de la política en los países en vías de desarrollo.

La liberalización de la política económica

En plena crisis de la deuda, la mayoría de los países en vías de desarrollo ya no podía pedir préstamos a los prestamistas privados y, sin embargo, necesitaba poder financiar más importaciones y devolver las deudas pasadas. Las instituciones financieras internacionales facilitaron créditos de emergencia; y en colaboración con bancos privados, también ayudaron a reestructurar la deuda de los países en vías de desarrollo. Los acreedores exigieron a los gobiernos de estos países que adoptaran medidas que frenaran la demanda de importaciones con el fin de reducir la carga de la financiación de las compras realizadas en el extranjero. Las reducciones de los déficit públicos, la subida de los tipos de interés, el recorte de los niveles de gasto público y otras medidas redujeron el nivel de demanda interior y, por lo tanto, la demanda de importaciones, reduciendo la carga de los pagos exteriores, por una parte, pero desencadenando, por otra, recesiones provocadas por la política económica.

Sin embargo, la respuesta a más largo plazo a la crisis de la deuda no se encuentra en la estabilización de las economías sino en la reforma de la política económica. Se halla en el abandono de la protección industrial y de la industrialización basada en la sustitución de las importaciones, y en el fomento de las exportaciones.

Adoptando una política de industrialización basada en la sustitución de las importaciones, los gobiernos habían tratado de promover la gran transformación. La sustitución de la promoción de la industria nacional por la promoción de las exportaciones supuso para muchos la vuelta a la exportación de productos primarios: madera, azúcar, fruta, fibras, café y otros productos. Para muchos países en vías de desarrollo, la agricultura representaba el pasado, el punto a partir del cual iba a comenzar el desarrollo.

Un buen ejemplo es el caso de Brasil. Este país es desde hace mucho tiempo el principal productor de café del mundo. Tras la Segunda Guerra Mundial, lanzó un enérgico programa de desarrollo basado en la sustitución de las importaciones. A través del Instituto del Café, el gobierno explotó la posición de Brasil en el mercado mundial del café. Limitando las exportaciones con el fin de subir los precios y extraer ingresos de los consumidores extranjeros, el instituto se ganó la fama de hábil administrador del principal sector de la economía brasileña y se convirtió en un símbolo del papel del estado en el fomento del desarrollo económico. El gobierno dedicó algunos de los ingresos generados por el instituto a la creación de infraestructura, puertos, puentes y carreteras. Otros los dedicó a conceder préstamos a empresas a tipos de interés subvencionados, con el fin de que pudieran importar planta y maquinaria. Y otros los dedicó al suministro de energía, construyendo proyectos hidroeléctricos y subvencionando los costes del petróleo importado. Gravando la agricultura, el gobierno fomentó la creación de la industria, y logró así su objetivo de desarrollar la industria.

La base industrial de Brasil se expandió rápidamente. La carretera que va de Río de Janeiro a Sao Paulo, antes flanqueada por explotaciones agrícolas y latifundios, ahora estaba bordeada por polígonos industriales y sedes centrales de grandes empresas. Pero cuando las crisis de los precios del petróleo golpearon la economía, revelaron que el modelo de crecimiento económico impuesto en Brasil descansaba sobre unos precarios cimientos financieros. La política del gobierno había producido lo que dio en llamarse "el milagro brasileño", con unas tasas anuales de crecimiento de entre 7 y 10 por ciento a finales de los años sesenta. Su estrategia requería importaciones de capital para la formación de la industria, pero al someter a las exportaciones agrícolas a elevados impuestos, redujo los incentivos para obtener divisas. Brasil incurrió, pues, en elevados déficit exteriores. Y al carecer de fuentes internas de petróleo, el gobierno resultó especialmente afectado por la subida posterior de los precios del petróleo; Brasil tuvo que importar una gran parte de su energía. Habiéndose convertido en poco tiempo en un gigante industrial, con su escasez de divisas provocada por la política económica y el incremento de los costes del petróleo, en la década de 1970 se convirtió en un enorme deudor.

Los sucesivos gobiernos trataron de estabilizar la economía brasileña. Reduciendo los déficit públicos y limitando la oferta de crédito, trataron de reducir la demanda de importaciones y la carga de los pagos exteriores. Aunque Estados Unidos permaneció atento a la suerte de Brasil, también le preocupaba la seguridad de sus bancos, muchos de los cuales tenían deuda brasileña. Además, cada año que pasaba, le parecía que Brasil no era tanto un país en vías de desarrollo necesario como un poderoso rival en los mercados internacionales. Con la caída de la Unión Soviética, el temor al comunismo desempeñó un papel menos importante en las decisiones de Estados Unidos relacionadas con la política económica. El gobierno estadounidense sumó, pues, su voz a la de las instituciones financieras internacionales y respaldó sus intentos de modificar la política del gobierno de Brasil para que pudiera devolver los préstamos a los acreedores.

El gobierno de Brasil redujo cada vez más su sesgo en favor de la industria. Recortó sus créditos a las empresas, subió los tipos de interés de los préstamos y redujo sus subvenciones a la energía. También redujo su sesgo en contra de las exportaciones agrícolas. Suprimió sus controles del mercado del café; ahora las explotaciones agrarias y las empresas privadas ya podían vender directamente a las empresas extranjeras. Dejó de confiscar los ingresos derivados de las exportaciones de café que transfería a las arcas del estado. Y en un gesto cuyo simbolismo fue muy pregonado en Brasil, abolió el Instituto del Café, la burocracia que había llegado a considerarse un símbolo progresista del crecimiento impulsado por el estado y que había permitido gravar la agricultura en aras del desarrollo industrial.

El movimiento hacia la democracia

A finales del siglo XX no sólo cambió la política económica sino que también cambiaron los sistemas políticos. En algunos países, los dictadores dimitieron; en otros, fueron derrocados. Donde antes las elecciones eran meros plebiscitos, ahora eran disputadas por partidos rivales. Muchos han escrito sobre la reforma de la política económica como si fuera independiente de la vuelta a un sistema democrático de gobierno. En realidad, van profundamente unidos.

Una causa de esa unión se encuentra en los organismos financieros internacionales que defendieron la reforma de la política económica en un intento de hacer frente a la crisis de la deuda. Los gobiernos son los accionistas de las instituciones financieras internacionales y se sientan en sus consejos de administración. Las democracias industriales avanzadas aportan la mayor parte del capital que estos organismos prestan; como el número de votos emitidos por un miembro de un consejo es proporcional a la cantidad de capital que aporta su gobierno, las democracias industriales avanzadas también dominan políticamente estos organismos.

Desde el fin de la Segunda Guerra Mundial, los países industriales avanzados, encabezados por Estados Unidos, habían luchado para derrotar al comunismo. La caída del muro de Berlín y el desmembramiento de la Unión Soviética supusieron su victoria. Este cambio radical del sistema político internacional contribuyó a reforzar a los defensores de la reforma política en el mundo en vías de desarrollo. Ahora tanto los reformadores nacionales como los bienhechores internacionales podían subrayar de una manera creíble los peligros de la prolongación del

autoritarismo. Con la caída del comunismo, los países industriales avanzados trataron de consolidar la victoria de la democracia consiguiendo la prosperidad de los antiguos estados
comunistas. Ante la demanda de ayuda de los distintos países
pertenecientes al antiguo bloque comunista, los reformadores
ahora pudieron insistir en que para que los países en vías de
desarrollo pudieran seguir recibiendo ayuda, sus gobiernos
también tenían que democratizarse.

Para seguir contando con el favor de la comunidad internacional, los jefes de estado autocráticos pusieron en marcha
cautelosas reformas políticas destinadas a conservar el apoyo
de las democracias occidentales para poder seguir pidiendo
préstamos internacionales. Los que hicieron reformas a regañadientes —por ejemplo, Daniel arap Moi en Kenia— se gana-
ron a regañadientes el apoyo de la comunidad internacional y
conservaron su puesto. Los que no hicieron reformas —por
ejemplo, Mobutu— perdieron el respaldo de occidente. La
necesidad de acceder al capital internacional puso, pues, en
marcha no sólo la reforma de la política económica sino también la reforma de las instituciones políticas, ya que las élites
trataron de lidiar con las nuevas realidades internacionales.

Hasta ahora he centrado la atención en los orígenes internacionales de la reforma política. Pero las presiones internas
también alentaron el proceso de cambio. En algunos estados
latinoamericanos, las economías habían estado presididas por
gobiernos militares en la época de la crisis de la deuda. El
estancamiento de la economía, las elevadas tasas de inflación,
la huída de capitales y el aumento del paro mermaron la
popularidad de estos regímenes. Los profesionales, los empresarios y los intelectuales exigieron cada vez más una reducción

del déficit público, una mayor apertura de la economía y una disminución del proteccionismo, protestando al mismo tiempo contra el régimen autocrítico, el uso arbitrario de la fuerza y el gobierno militar. Las demandas económicas y las políticas se fundieron, pues, alentando nuevas alianzas políticas y estableciendo un nexo entre las demandas de medidas orientadas hacia el mercado y las demandas de democratización.

En respuesta a esa oposición interna, la democratización fue para los gobiernos una manera de conservar el poder, incluso aunque afrontaran las nuevas realidades económicas introduciendo reformas en la política económica. Por ejemplo, en Ghana el gobierno había regulado y gravado la exportación de cacao, desviando así los ingresos generados por la producción de cultivos comerciales para construir industrias y para financiar el estado. Las organizaciones patronales y sindicales que se habían beneficiado de la política del gobierno continuaban constituyendo su base política. Cuando el gobierno, sometido a presiones internas y externas, comenzó a cambiar de política, se vio obligado, de hecho, a abandonar a los grupos que lo apoyaban. Para sobrevivir políticamente, tuvo que cultivar una nueva base política e idear nuevas formas de permanecer en el poder.

En el proceso de introducción de reformas económicas, el gobierno militar del capitán de la Fuerza Aérea Jerry Rawlings introdujo reformas políticas. Tras organizar concienzudamente unos consejos políticos locales en las zonas rurales, Rawlings legalizó la formación de partidos políticos. Habiendo concienciado a los votantes de las zonas rurales de las ventajas que tenía para ellos el cambio de la política económica, reintrodujo las elecciones competitivas. A pesar de décadas de intentos de construir una base industrial, los sectores urbanos e industriales de

Ghana seguían siendo pequeños en comparación con los rurales y agrarios. Logrando el apoyo de la mayoría rural, Rawlings pudo, pues, conservar el poder, incluso cortando los lazos entre su gobierno y su electorado urbano. La transformación de las instituciones dio acomodo al cambio de la política de desarrollo y permitió al gobierno dar marcha atrás en unos compromisos que se habían vuelto económicamente insostenibles.

Los casos de Suráfrica y Chile revelan la existencia de algunos otros nexos entre la democratización y la supervivencia de las élites en el periodo de reforma económica y política. Durante décadas había sido evidente que la mayoría africana se haría con el poder en Suráfrica, país gobernado desde hacía mucho tiempo por su minoría blanca. Con la caída de la Unión Soviética, ningún enemigo de occidente suponía una amenaza geopolítica para la región, por lo que occidente ya no necesitaba los servicios militares de Suráfrica. Tras la caída del comunismo, tampoco era probable que el Congreso Nacional Africano, el obvio sucesor del gobierno de la minoría blanca, continuara defendiendo las doctrinas socialistas. Los cambios de la situación internacional alteraron, pues, las posibilidades políticas internas y, aceptando lo inevitable, el gobierno de la minoría blanca comenzó, pues, a orquestar su retirada del poder.

Habiendo presidido un régimen político brutal, el gobierno saliente temía sufrir represalias. El mecanismo que le daba seguridad era su propiedad de la economía. Antes de abandonar la política, el régimen de la minoría blanca privatizó algunos activos económicos fundamentales, alejándolos del control político y poniéndolos en manos de accionistas privados y, por lo tanto, blancos. Es posible que el poder pasara a manos negras, pero la minoría conservó la propiedad de las minas, las industrias y los servicios que generaban la riqueza de Suráfrica. La minoría blanca, gracias a su continua primacía en el campo económico, tenía el poder necesario para castigar a la mayoría negra si ésta no actuaba con la moderación prometida al negociar la transición política. Dado que la minoría poseía los instrumentos de castigo, eran creíbles las garantías de la mayoría negra de que no buscaría la venganza, lo cual facilitó el proceso de reforma política.

En Chile, la transición siguió una lógica parecida. La derecha se había alineado con las fuerzas de seguridad, haciéndose con el poder en 1973 por medio de un violento golpe de estado y reprimiendo brutalmente a la oposición socialista a la que desplazó. Cuando los militares comenzaron a abandonar la escena política, sus simpatizantes temían representar una minoría política en el Chile democrático y, por tanto, sufrir represalias por los actos cometidos por el régimen militar. Previendo la pérdida del poder, introdujeron, pues, una serie de reformas económicas, creando un banco central independiente, liberalizando los mercados de capitales y desarrollando los mercados de crédito en Chile. La derecha pensaba entonces que con esas reformas económicas su futuro político estaba asegurado, ya que si la oposición de izquierdas, una vez en el poder, trataba de incumplir sus promesas de moderación política, podía ocurrir que el capital huyera rápidamente de la economía, perjudicando a todos los chilenos. Las reformas económicas sirvieron, pues, para salvaguardar el futuro de los conservadores, que de lo contrario podrían haber temido ceder pacíficamente el poder a la mayoría política, una mayoría cuyos miembros habían sido tratados brutalmente.

Los cambios del panorama internacional y de la situación

política de los países en vías de desarrollo provocaron, pues, cambios tanto en la política económica como en las instituciones políticas. El hundimiento económico minó la legitimidad de los gobiernos autoritarios; la reforma política les sirvió para replegarse. Y las reformas económicas que introdujeron las élites sirvieron para dar garantías políticas creíbles, ayudando así a los gobernantes autoritarios a retirarse de la escena política y ceder ante las fuerzas de la democracia.

El hundimiento de los estados

Con el fin de la guerra fría, los países industriales avanzados ya no temían que la violencia en el mundo en vías de desarrollo representara una amenaza para su seguridad. Al no haber rivalidades entre las grandes potencias, apenas existían riesgos de que se dejaran arrastrar a esos conflictos. Los cambios de la economía internacional impusieron nuevos límites fiscales a los regímenes en vías de desarrollo; sus líderes políticos, al no presidir ya fuentes de privilegios, se encontraron con más dificultades para seducir a los señores de la guerra locales, para que desmantelaran sus grupos armados y se afiliaran al centro. El fin de siglo estuvo marcado, pues, no sólo por la expansión de la democracia en el mundo en vías de desarrollo sino también por la expansión de la violencia.

El caso de Somalia sirve para ilustrar el argumento. Durante los primeros años de la guerra fría, como Etiopía se había alineado con Estados Unidos, Somalia, casi instintivamente, se alineó con la Unión Soviética. Cuando llegó al poder un régimen socialista en Etiopía y consiguió el respaldo de la Unión Soviética,

Somalia se alineó entonces con Estados Unidos. Para recompensar a su nuevo aliado —y mantener su puerto fuera del control de la Unión Soviética— Estados Unidos suministró ayuda al ejército somalí, construyó carreteras y centrales eléctricas y, en un país propenso a la sequía, llenó sus depósitos de alimentos.

En Somalia, la política está dominada desde hace mucho tiempo por una red interpenetrada de clanes. Cada clan posee un centro geográfico, cada uno con su propio grupo armado. Los líderes políticos de los clanes organizan la defensa de su territorio, su población y sus propiedades; y forjando acuerdos nacionales, tratan de mejorar la suerte económica y política del clan. Durante una gran parte de la historia reciente de Somalia, los jefes de los clanes han perseguido sus objetivos buscando puestos influyentes en el centro nacional, desde los que poder influir en las leyes que afectaban al bienestar de sus clientes y conseguir el acceso a los recursos del estado.

Las crisis económicas de los años ochenta desgarraron la economía de Somalia; la subida de los precios del petróleo, que incrementó los costes de la industria nacional, fue seguida de un descenso, que redujo las remesas enviadas por los somalíes que trabajaban en los estados productores de petróleo. El fin posterior de la guerra fría puso término a la ayuda soviética a Etiopía y provocó una reducción concomitante de la ayuda de Estados Unidos a Somalia. Como el gobierno somalí poseía entonces menos ingresos, tenía menos capacidad para repartir favores entre las élites étnicas. Cuando la sequía volvió a la región, los señores de la guerra utilizaron el poder militar de los clanes para apoderarse de alimentos, irrumpiendo primero en las provisiones acumuladas en los silos públicos e invadiendo después las tierras de las regiones cerealeras del sur. Al carecer de recursos, el centro no pudo resistir. Los enfrentamientos entre los clanes fragmentaron el estado somalí.

Cuando el gobierno central dejó de constituir una fuente de privilegios, ya no pudo hacer que a los clanes y comunidades militarizados les interesara abstenerse de practicar la violencia. Los cambios internacionales hicieron, pues, que se desataran los lazos que habían sustentado la paz interior. Somalia pasó a engrosar las crecientes filas de estados fallidos y tragedias de desarrollo que marcaron el final de siglo.

Si Somalia es un ejemplo de los efectos de la estrechez económica, el Congo (durante un tiempo Zaire) pone de relieve los efectos de los cambios de la política exterior de los países industriales. En la década de 1960, en plena guerra fría, el Congo estaba dividido por los conflictos. La Unión Soviética respaldaba a las fuerzas políticas del este del país; Estados Unidos a las fuerzas del gobierno central. Ninguno de los dos quería correr el riesgo de que estallara una guerra, por lo que respaldaron la intervención de fuerzas de pacificación, empleando a las Naciones Unidas para poner fin a la violencia y preservar la integridad de este frágil país. En la década de 1990, estallaron de nuevo los conflictos en el Congo. Pero a diferencia de lo que había ocurrido antes, ahora la comunidad internacional les prestó poca atención. La guerra fría había terminado. Al no necesitar ya un esbirro leal en la región, Estados Unidos había abandonado a su antiguo aliado, Mobutu Sese Seko. Y al no temer ya la expansión soviética, Estados Unidos no presionó a la comunidad internacional para que restableciera una vez más la integridad de este estado africano. El Congo, que anteriormente había sido defendido por la comunidad internacional, ahora está partido en dos y sus guerras internas tienen poca importancia para aquellos que poseen los recursos necesarios para acabar con ellas.

En la época de la guerra fría, los países eran tratados como soberanos que carecían de verdaderos estados. Los cambios económicos de finales del siglo XX y la caída del comunismo eliminaron los pilares que sustentaban el orden político en los ficticios estados del mundo en vías de desarrollo.

LOS PAÍSES EN VÍAS DE DESARROLLO habían surgido en un mundo bipolar, dominado por Estados Unidos y la Unión Soviética. Aunque era realmente un mundo peligroso, ésta situación procuraba unos nichos rentables y seguros a las élites políticas, protegiéndolas de las amenazas militares y permitiéndoles acceder a abundante ayuda exterior. Las élites políticas del mundo en vías de desarrollo, abogando agresivamente por unos planes de rápido desarrollo económico, se valieron de su control de la economía para organizar el sistema político, repartiendo favores políticos para permanecer en el poder.

Con la crisis de la deuda y el fin de la guerra fría, cambiaron las condiciones para incorporarse a la comunidad internacional y con ellas la política del mundo en vías de desarrollo. La situación internacional se volvió menos complaciente y más peligrosa. Con la crisis de la deuda de los años ochenta, los gobiernos de los países en vías de desarrollo tuvieron que recortar sus niveles de gasto. No sólo tuvieron que alterar su política económica; también tuvieron que modificar sus prácticas políticas. La política de reparto de prebendas dejó paso a la democracia, por una parte, y a la violencia política, por otra.

6. Conclusiones

Descansa así en calma serena el acero vengativo
trayendo una suave paz en la sombra sagrada de la libertad
— John Quincy Adams, *Album*, 1842

El estudio de la economía política del desarrollo es un estudio de la prosperidad y la violencia.

Existe desarrollo económico cuando las personas forman capital e invierten haciendo sacrificios hoy para recoger frutos en el futuro. Existe cuando forman organizaciones económicas que se unen productivamente y crean estructuras complementarias, de tal manera que el producto del "todo" —ya sea una ciudad o una empresa— es superior a la suma de lo que pueden producir sus partes. Cuando la gente invierte y se une, la ciudad desplaza entonces al pueblo, la empresa a la explotación agrícola, las formas industriales urbanas constituyen el núcleo de la economía, y de la gran transformación surgen prósperas sociedades.

Existe desarrollo político cuando la gente domestica la violencia, transformando la coacción, que era un medio de depredación, en un recurso productivo. La coacción se vuelve productiva cuando no se emplea para saquear o para destruir riqueza sino para salvaguardar y fomentar su creación.

Las raíces políticas del desarrollo se unen productivamente con las económicas cuando los especialistas en la violencia se

dan cuenta de que pueden sobrevivir e imponerse mejor fomentando la prosperidad de su base económica. En esas circunstancias, los propietarios de capital se creen sus promesas de que se
abstendrán de robar. Sabiendo que el robo sería políticamente
improductivo, los propietarios de capital están dispuestos a
invertir. En esas circunstancias, los que tienen poder también
están más dispuestos a delegar en los que poseen recursos, permitiéndoles unirse y organizarse y gobernar, literalmente, las
organizaciones económicas. Cuando su capacidad para sobrevivir políticamente depende de la capacidad de otros para producir económicamente, los especialistas en la violencia delegan en
los que invierten su capital.

Al examinar estos temas, he analizado datos tanto históricos
como del mundo actual en vías de desarrollo. Las distintas formas
en que se ha empleado la violencia explican la distinta evolución
que ha seguido el desarrollo en cada país en las dos eras. En la
Europa de la Edad Media y comienzos de la Edad Moderna, los
que gobernaban eran especialistas en la violencia; el trabajo del
estado era la guerra. En el periodo actual, la situación internacional frenó la tendencia a entrar en guerra. De esa forma, separó la
necesidad de armarse y, por lo tanto, de sobrevivir, de la necesidad de aumentar la riqueza del país. Modificó, pues, la trayecto-
ria que caracterizaba el proceso de desarrollo.

Las excepciones a la regla a menudo son instructivas, por lo
que vuelvo al caso de Brasil. Brasil fue el único país de Latinoamérica que mandó a sus militares a luchar en la Segunda
Guerra Mundial. Su ejército se sumó al de Estados Unidos en
Italia, donde sus tropas vieron las realidades de la guerra
moderna. A su vuelta a casa, los militares brasileños se quedaron consternados ante la incapacidad de los políticos civiles para

comprender la diferencia entre las demandas de la guerra moderna y la capacidad de su país para satisfacerlas. Se dieron cuenta de que si no se expandía considerablemente la capacidad industrial de Brasil, nunca podrían salvaguardar su estado si otro país trataba de imponer su voluntad. Impresionados por el derroche de recursos y el enorme despilfarro de que habían sido testigos en los combates, cuando asumieron más tarde el poder, llevaron apresuradamente a Brasil por la senda del desarrollo industrial, acelerando el milagro brasileño y abonando el terreno para la crisis posterior de la deuda.

Otros países en vías de desarrollo también se han encontrado con las realidades de la guerra moderna: Turquía en la Primera Guerra Mundial; también los países del este asiático en la Segunda: Japón, Corea, China y Taiwan. En esos países, los gobiernos aprendieron a tratar la economía nacional como un recurso militar que había que cuidar y alimentar en lugar de saquear. Dando prioridad a los proyectos y a los sectores que consideraban esenciales para la seguridad —por ejemplo, la creación de astilleros o el desarrollo de una industria química— los guerreros y los burócratas trataron de que los capitalistas y los empresarios invirtieran. Reconociendo el imperativo que llevaba a los responsables políticos, los que tenían capital creyeron que sus gobiernos deseaban sinceramente que sus proyectos tuvieran éxito, por lo que invirtieron. Los responsables del estado también reconocieron la necesidad de invertir su poder, delegando en los empresarios y en los hombres de negocios y permitiéndoles organizarse. Salvaguardando las empresas y las inversiones y poniendo el poder del estado en manos de los que lo utilizarían para formar organizaciones económicas, los que supervisaban el uso de la violencia trataron de crear las bases económicas necesarias para la seguridad militar en los países del este asiático.

En otras regiones, el sistema de estado que se impuso tras la Segunda Guerra Mundial tenía suficientes salvaguardas para que las élites políticas no tendieran a hacer de la elaboración de la política económica una cuestión de supervivencia política. El entorno estratégico en el que actuaba, el estado contribuyó poco a hacer creíbles las garantías que podría ofrecer a los que tenían capital; el estado tampoco se inclinó, por cuestiones de seguridad, a poner el poder en manos privadas y permitir a los que tenían riqueza buscar los medios para organizar la actividad económica. Al carecer del estímulo que da el riesgo de la supervivencia, en la mayoría de los países en vías de desarrollo, los que poseían el poder tenían pocos incentivos para hacer que la coacción fuera económicamente productiva.

Las diferencias internacionales entre las estructuras de poder han hecho que la violencia se emplee de forma distinta en cada país. Las diferencias entre los incentivos internacionales contribuyen, pues, a explicar las diferencias de conducta de los estados en el tiempo y, dentro de la era moderna, en el espacio.

Extensiones y consecuencias

El capital constituye una fuente de crecimiento; la organización de las actividades económicas, otra. Para concluir, trato de comprender mejor la economía política del desarrollo investigando más detenidamente el uso del poder para defender o para ser incapaz de defender la acumulación de capital y la formación de organizaciones económicas.

La acumulación

Comienzo con un caso: el de la industria del cacao de Ghana. Al aumentar las rentas en los países industriales avanzados de Europa, aumentó el consumo de chocolate, valorado por su sabor y por ser un estimulante cuando se consumía como bebida. Los comerciantes abordaron África occidental, entrando en sus puertos y contratando un volumen cada vez mayor de los granos con los que se hace el chocolate. Y los pueblos de las ciudades costeras de África occidental se trasladaron al interior para establecer cacaotales en las selvas tropicales de la región.

Tan espesas eran las selvas de África occidental que hubo que contratar montones de trabajadores durante largas épocas para desbrozar el terreno y establecer cacaotales. Los inversores tuvieron que construir carreteras, tender puentes sobre los barrancos y pontones sobre los ríos para poder extraer el producto de la selva y transportarlo a los puertos costeros. Además, los árboles tardaban años en crecer antes de dar frutos. El desarrollo de la industria del cacao exigió, pues, una gran cantidad de capital.

En un fascinante estudio de las dimensiones políticas de esta transformación, Kathryn Firmin-Sellers (1996) cuenta la historia de Akyem Abuakwa, estado indígena situado en la selva de lo que actualmente es Ghana. Centra especialmente la atención en un Nana Ofori Atta, el respetado y astuto jefe supremo de Akyem Abuakwa en los primeros años de la aparición de la industria del cacao. Consciente de que los inversores se llevarían su capital si no se les garantizaban los derechos de propiedad, Nana Ofori Atta trató de reforzar el poder de su territorio con el fin de defender los derechos de los inversores. Pero Ofori Atta también era consciente de lo que Barry Weingast (1995, pág. 1) ha llamado "dilema político fundamental de un sistema económico", a saber, que "un gobierno que es suficientemente fuerte para proteger los derechos de propiedad... también lo es para confiscar la riqueza de sus ciudadanos".

Para resolver este problema, Nana Ofori Atta, al tiempo que trató de aumentar sus poderes ejecutivos, también intentó limitar de una manera visible y creíble la discrecionalidad política. Llevó a cabo en el gobierno de la "tribu" unas reformas por las que él, el jefe, tenía que rendir cuentas, tanto políticas como financieras, a un consejo civil. El consejo aprobaba todos los impuestos. Podía deponer al jefe. Le pagaba. Y pagaba los sueldos de los administradores y de la policía a los que el jefe supervisaba. Según Firmin-Sellers, dada la estructura ideada por Nana Ofori Atta, quedaba claro que el jefe no podía valerse de su poder para aprovecharse del sector privado; si deseaba mayores ingresos para su gobierno, tenía que utilizar sus poderes para promover la creación de riqueza privada. De hecho, Firmin-Sellers subraya que parece que la inversión aumentó, como pretendía Nana Ofori Atta. Poniendo su suerte financiera y política en manos de un consejo civil, Nana Ofori Atta parece que consiguió transmitir la señal de que utilizaría sus poderes para promocionar los intereses de los que creaban y disfrutaban de la riqueza de la industria del cacao.

Como hemos visto, lo que nos cuenta Firmin-Sellers tiene su paralelismo en la historia. La creación de formas parlamentarias de gobierno da incentivos a los que poseen poder para emplearlo en provecho de los que poseen riqueza. Da garantías a los que tienen capital de que si invierten —y aumentan así la riqueza del país— los que controlan los instrumentos de coacción se abstendrán de apropiarse del valor que generan.

Cuando se analizan las diferencias entre los gobiernos de los países ricos y los de los pobres, es útil volver, una vez más, a la historia de Akyem Abuakwa. Durante la administración de Nana Ofori Atta, el reino prosperó. Pero con la llegada de la independencia, Kwame Nkrumah, el primer presidente de Ghana, trató de promover el desarrollo industrial del país. Para conseguir el capital necesario para financiar sus planes, Nkrumah impuso el monopolio estatal de las exportaciones de cacao y elevados impuestos sobre los ingresos de los cultivadores de cacao. Los reinos de las zonas de la selva, entre los que se encontraba Akyem Abuakwa, se organizaron y se opusieron a la política de Nkrumah. En respuesta, el gobierno destruyó el poder de esos reinos, calificando a sus gobiernos de "tribales" y, por lo tanto, de amenaza para el futuro del país. La política adoptada por el gobierno de Nkrumah y, de hecho, por la mayoría de los que le siguieron provocó una retirada de capital de la agricultura y una disminución de la producción de cultivos comerciales y el empobrecimiento de Ghana.

La creación de un gobierno con poder limitado puede no ser suficiente para lograr un elevado nivel de inversión y mucho menos el crecimiento de las economías nacionales. Pero es necesario, desde luego, dar garantías a los inversores para conseguir la formación de capital. Con demasiada frecuencia, en el mundo en vías de desarrollo los políticos no adoptan las medidas que ofrecen buenas perspectivas a los inversores. Y las instituciones, por su parte, raras veces imponen límites a los que pueden valerse del poder para aprovecharse de la riqueza de otros. El empleo de la coacción para la depredación apenas se controla; su utilización para promover la creación de riqueza se fomenta demasiado poco. El riesgo político nubla, pues, las perspectivas que se ofrecen a los que tienen capital, dificultando así la inversión y retrasando el desarrollo de los países.[1]

Organización

El desarrollo económico es el resultado no sólo de la formación de capital sino también de la creación de organizaciones. En concreto, las economías se desarrollan cuando los estados conceden a los ciudadanos privados poder para recompensar o castigar a otros, haciendo que les interese comportarse de manera que mejore el bienestar colectivo. Cuando el fuero concedido por un rey dota de poder a un ciudadano de una ciudad para obligar a los que se benefician de la construcción de un muelle, de la profundización del cauce de un río o de la construcción de un puente a participar en los costes de su construcción, el gobierno da incentivos que generan la creación de riqueza y fomentan el desarrollo de la economía. Y cuando un directivo puede imponer costes a una división de una empresa —por ejemplo, obli-

---

[1] En relación con este argumento, resulta útil comparar la conducta de los gobiernos de los países que tienen abundantes recursos con la de los países menos dotados. En ambos, los gobiernos buscan ingresos, pero de diferente manera. Los gobiernos de las economías que tienen abundantes recursos tienden a conseguir ingresos extrayéndolos; los gobiernos de los países que tienen pocos recursos, fomentando la creación de riqueza. Parece, pues, que las diferencias entre las dotaciones naturales determinan la conducta de los gobiernos. Aunque hay otros factores que influyen, este argumento puede esclarecer las diferencias entre la conducta de los gobiernos, por ejemplo, de Asia, continente que posee pocos recursos y que parece dispuesto a salvaguardar la creación de riqueza y a promover la creación de poderosas organizaciones económicas privadas, y la conducta de los gobiernos, por ejemplo, de África, continente que posee abundantes recursos, que a menudo se comportan de una forma depredadora.

gándola a acelerar su producción o a cambiar su línea de productos— y beneficiar a otras unidades, lo que redunda en beneficio de la empresa en general, la estructura de gobierno de la
propia empresa se convierte en una fuente de valor, aumentando el valor de la empresa. La orquestación de complementariedades, la creación de equipos y la organización de empresas productivas exigen que los agentes económicos posean autoridad
para gobernar.

La coacción, una vez domesticada, puede ser, pues, productiva.[2] Aunque su delegación por parte del estado reporta beneficios económicos, también puede imponer costes. Y para promover el desarrollo, estos costes deben reducirse lo más posible.

Colusión. Cuando los agentes privados tienen poder para organizarse, pueden aumentar sus ingresos. Pueden conseguirlo creando medios de producción eficientes, aumentando la producción
total y contribuyendo así al crecimiento de la economía; pero
también pueden conseguir aumentar sus ingresos poniéndose de
acuerdo para limitar la producción y subir precios, enriquecién-
dose así a expensas de otros. La capacidad de organizarse puede
dar lugar a una mayor productividad, pero también a acuerdos
colusivos que permiten un mayor enriquecimiento a costa de
reducir la renta de otros.

La capacidad para organizarse puede ser, pues, una condi-
ción necesaria para el crecimiento económico, pero es clara-

---

[2] Bajo la superficie de este argumento hay latente una crítica de la literatura, hoy de moda, sobre el "capital social" (véase Putnam, 1993).
Aunque los que ensalzan el poder del capital social ven en la sociedad
una fuente de productividad, yo miro al estado y considero que la existencia de la capacidad privada para gobernar es el resultado de las decisiones tomadas por los que tienen poder político.

mente insuficiente. Entre otros factores indispensables está el acicate de la competencia. Sabemos que en la base industrial de Suecia, Suiza y otras pequeñas economías industriales predominan las empresas grandes, complejas y muy organizadas. Pero como los gobiernos de estos países mantienen abiertos sus mercados, estas empresas deben competir con las de otros países; no pueden convertir su gran tamaño en poder de mercado. Y sabemos que cuando los mercados son grandes, pueden ser competitivos, incluso aunque en ellos haya grandes empresas. De hecho, es posible que para satisfacer la demanda del mercado se necesiten varias grandes empresas que funcionen eficientemente, lo cual significa que en algunos países, como Estados Unidos, las grandes empresas pueden tener que enfrentarse a grandes competidores.

La forma en que los agentes económicos hacen uso del poder depende no sólo de la competencia económica sino también de la competencia política. En un sistema de planificación central, las economías de los países comunistas de Europa oriental y de la antigua Unión Soviética estaban dominadas por un pequeño número de grandes empresas; y con la transición a la propiedad privada, los administradores, los burócratas y los políticos bien situados se hicieron con el control de estas empresas. En un estudio reciente, Joel Hellman (1998) señala que los nuevos propietarios constituyeron organizaciones que intentaron limitar la competencia de mercado, a la vez que presionaban al gobierno para que los sacara de apuros. Según Hellman, lo que distingue las transiciones que tuvieron éxito de las que se estancaron es el grado en que estos grupos que de entrada resultaron vencedores tuvieron que enfrentarse a la competencia política de los que iban a resultar perjudicados con su victoria.

En la lucha por el poder en estas economías en transición, los partidos políticos tenían incentivos para defender los intereses de los muchos que podían resultar perjudicados por la consolidación del poder económico de unos pocos privilegiados. En lugar de permitir que los grupos económicos poderosos impusieran medidas que provocaran el estancamiento de las reformas, apelando al poder del electorado en general, la oposición política obligó a los gobiernos a seguir adelante con las reformas económicas y a reafirmar las medidas favorables al mercado. Hellman sugiere, pues, que la rivalidad política, así como la competencia de mercado, determinan la forma en que los agentes privados emplean el poder.[3]

Aunque la delegación del poder público en los agentes económicos puede activar el crecimiento, también representa una considerable amenaza. De la misma forma que las organizaciones militares emplearon su poder para apoderarse de la riqueza por medio de la guerra, así también los capitanes de la industria emplean su poder para conseguir ganancias redistributivas en el

---

[3] Podría formularse un argumento similar en el caso de Estados Unidos, donde la oposición popular —de hecho, populista— al poder de los cárteles llevó a aprobar la ley antimonopolio Sherman. Una cuestión fundamental en economía política comparada es, pues, en qué condiciones el deseo de limitar el uso del poder económico da lugar a una legislación destinada a fomentar la competencia de mercado, por oposición a una legislación que la regularía, por ejemplo, nacionalizando las grandes empresas. También es relevante el análisis comparativo de las industrias del café de África oriental y Colombia. En los países de la primera había un sistema de partido único, mientras que en Colombia los partidos políticos competían por el control del gobierno. Los sistemas de partido único de África oriental impidieron la creación de organizaciones económicas creadoras de riqueza en el sector cafetero, mientras que el gobierno de Colombia invistió de poderes públicos a una organización que mejoró la rentabilidad de la producción de café. Véase Bates (1997).

mercado. Cuando se delega poder público en los agentes económicos, debe delegarse en los que se enfrentan a una fuerte competencia por ese poder para que se utilice productivamente.

Política redistributiva. No sólo las empresas pueden constituir formas productivas de organización económica; también pueden producirlas las comunidades. Ya he señalado la manera en que las élites de Akyem Abuakwa reestructuraron el poder público para conseguir inversiones en la economía del interior de Ghana. Y éste no es más que un ejemplo. Las comunidades locales de todo el mundo en vías de desarrollo establecen impuestos, en dinero y en trabajo; se organizan; e invierten en la construcción de redes de suministro de agua, mercados y escuelas. Por medio de estas medidas, los líderes de las comunidades, sean líderes culturales o líderes étnicos, reclaman un espacio en las estructuras políticas de los países en vías de desarrollo y contribuyen al crecimiento de su economía.

Esos grupos prestan servicios necesarios, crean valiosa infraestructura y promueven la mejora de la infraestructura pública. Utilizando sus poderes, promueven el desarrollo económico. Pero el poder que poseen no sólo puede emplearse para crear valor. También puede emplearse para destruir.

Recuérdese el análisis de las dinastías y de los grupos familiares con el que comienza este libro. A medida que cada uno aumenta de tamaño, también crece su despliegue geográfico, cuando las familias se segmentan, emigran y ocupan nuevos territorios. Con el crecimiento y la ampliación de las comunidades, los grupos llegan a disputar la posición de otros, reclamando tierra, suministro de agua, derechos de pastoreo y mercados. Por ejemplo, cuando los kikuyu se extendieron más allá del

monte Kenia, entraron en las tierras de otros e iniciaron un pro-
longado proceso de negociación y enfrentamientos por la tierra
disputada. Cuando las comunidades locales emplean su capacidad para organizarse, pueden no sólo promover proyectos
valiosos sino también iniciar campañas para apropiarse de los
recursos que poseen otros.

Uno de los resultados puede ser la violencia. En las ricas
tierras altas de África oriental, los yacimientos de diamantes
de Sierra Leona y las cuencas fluviales de Colombia, las comunidades rurales se han levantado en armas y sus enfrentamientos perturban el orden político nacional. De una forma
menos dramática —aunque quizá igualmente importante— la
competencia entre esas comunidades debilita los incentivos
que restringen la conducta de los gobiernos. Cuando las
comunidades compiten entre sí, los gobiernos —incluso los
que han salido de las urnas— pueden librarse de la obligación
de rendir cuentas.

Para comprenderlo, volvamos al caso de Ghana. Nkrumah
fue capaz de apoderarse de la riqueza de Akyem Abuakwa y de
otros reinos exportadores de cacao cuando consiguió el respaldo de los grupos más pobres, a los que prometió transferir esa
riqueza en forma de proyectos públicos. Lo que ocurrió en
Ghana es válido en general. Cuando un gobierno puede conservar el poder formando coaliciones entre comunidades étnicas y cuando puede hacer uso de ese poder para apoderarse de
los ingresos de los que no pertenecen a este electorado básico,
ningún grupo puede permitirse retirarle su apoyo político, ya
que puede convertirse en objeto de depredación política. Las
rivalidades redistributivas locales pueden producir un modelo de política en el que los ciudadanos compitan por respaldar

el gobierno en el poder, liberándolo así de la obligación de la transparencia de gestión. Los beneficios locales generados por los esfuerzos organizados de esos grupos pueden ser, pues, menores que las pérdidas nacionales que causan, ya que crean un clima político en el que permanecen en el poder gobiernos improductivos. La competencia entre las comunidades podría parecer una indicación de que existe una saludable vida cívica. También puede constituir una patología política, ya que permite a los gobiernos permanecer en el poder y utilizar este poder, no para crear riqueza, sino para confiscarla y redistribuirla.

El caso de Uganda ayuda a ilustrar este argumento. Uganda se parece en muchos aspectos a Ghana. Aunque no da al mar, posee una larga costa a lo largo del lago Victoria en la que se encuentran situadas muchas ciudades y pueblos. Al igual que ocurre en Ghana, el norte es pobre y en él las familias viven del pastoreo y del cultivo de sorgo y mijo. También posee una próspera zona selvática, cuya riqueza procede en su mayor parte de la producción de cultivos comerciales. Al igual que en el caso de Ghana, tras la independencia, tomó el poder un político socialista. Al igual que Nkrumah, el primer ministro Milton Obote enfrentó a las comunidades pobres con las ricas, apoderándose de la riqueza de los que habían invertido en la creación de explotaciones cafeteras en la selva, con el fin de conseguir los ingresos necesarios para la industria y para la financiación de proyectos que beneficiarían a las comunidades más pobres. Enfrentando a unos grupos y regiones con otros, Obote se mantuvo en el poder, incluso adoptando medidas que empobrecieron a su país.

LA SUERTE DE UGANDA, como la de Ghana, muestra, pues, cómo pueden explotar los gobiernos la rivalidad entre las comunidades locales y sobrevivir políticamente, incluso sin generar crecimiento económico. Pero Uganda también constituye una prueba de otro gran peligro. Los líderes políticos que ayudaron a organizar las comunidades políticas étnicas de Uganda también consiguieron armarlas y transformarlas en movimientos militarizados.

Fue con estas fuerzas con las que me encontré en Bugisu, el distrito cafetero situado en las laderas del monte Elgon. Fueron estas fuerzas también las que habían aterrorizado a los colegas con los que trabajé, desmoralizándolos como padres y como profesionales y sumiéndolos en el terror de los soldados saqueadores.

Volví varias veces a Uganda, la última formando parte de un equipo enviado por el Banco Mundial para asesorar y ayudar en la reconstrucción de su economía asolada por la guerra. Tras mi partida, busqué un modelo con el que comprender lo que había experimentado allí. Y aún recuerdo la palpable conmoción que sentí al leer el párrafo de Hobbes que termina diciendo "y la vida del hombre solitaria, pobre, desagradable, brutal y breve". En efecto, cláusula tras cláusula, las desoladas líneas de ese párrafo recuerdan los detalles de la misión que se había enviado para promover el desarrollo en el país (véase la tabla 6.1).

Hobbes escribió en respuesta a acontecimientos que ocurrieron hace mucho tiempo. Pero sus palabras llenan de inquietud porque responden a mucho de lo que se siente y se observa hoy, en un momento en el que para demasiados habitantes del mundo en vías de desarrollo la inseguridad sigue siendo la norma y el desarrollo un sueño que se les escapa cruelmente de las manos.

Tabla 6.1
Especificaciones de la misión enviada por el Banco Mundial a Uganda,
1982, y Thomas Hobbes, *Leviatán*, 1

El Banco Mundial La misión deberá aconsejar medidas para:	Thomas Hobbes
Promover el desarrollo industrial;	"no hay lugar para la industria, ya que sus frutos son inciertos;
Promover la producción agrícola;	"y, por consiguiente, tampoco cultivo de la tierra;
Promover el comercio exterior;	"ni navegación ni el uso de las mercancías que pueden importarse por mar;
Acelerar la reconstrucción física;	"ni edificios amplios; ni instrumentos para trasladar y eliminar las cosas que requieren mucha fuerza;
Reforzar y revitalizar el sistema de investigación y educación en la agricultura y más en general;	"ni conocimiento de la faz de la tierra; ni cómputo del tiempo; ni artes; ni letras;
Conseguir el orden político	ni sociedad; y lo peor de todo, un miedo permanente y riesgo de morir violentamente; y la vida del hombre, solitaria, pobre, desagradable, brutal y breve".

Fuente: "Terms of World Bank, Structural Adjustment Mission to Uganda, 1982". Thomas Hobbes, *Leviatán*, 1651, en William Ebenstein, *Great Political Thinkers*, Nueva York, Holt, Rinehart and Winston, 1961, 3ª ed., pág. 368.

Para el desarrollo es fundamental el paso del tiempo. En Uganda, el futuro es incierto. También lo ha sido, aunque quizá menos dramáticamente, en otros países en vías de desarrollo. El control de la violencia sigue en manos de grupos privados; aún hay que desarmar a las familias, las comunidades y los rivales políticos. En esas circunstancias, resulta enormemente difícil progresar económicamente. Abordando la relación entre prosperidad y violencia, he investigado en este libro los fundamentos políticos del desarrollo.

LECTURAS COMPLEMENTARIAS

1. Introducción

Los análisis clásicos del desarrollo como proceso de cambio estructural siguen siendo los de Kuznets (1966) y Chenery y Taylor (1968). Polanyi (1944) expone un argumento similar, pero de una manera distinta e idiosincrática. Para un enfoque convencional de la economía del desarrollo, véase Gillis, *et al.* (1987); para una opinión "socialdemócrata", véase Todaro (1994); y para una serie de artículos actualizados continuamente y procedentes de escritos marxistas contemporáneos, véanse las distintas ediciones de la antología de Wilbur (por ejemplo, Wilbur, 1973).

Entre los estudios del desarrollo orientados hacia el mercado se encuentran los de Little (1982), Lal (1983) y Bauer (1954). Entre los que se inspiran en el crecimiento del este asiático impulsado por el estado cabe citar los de Amsden (1989) y Wade (1990); véase también el estudio del Banco Mundial (Banco Mundial, 1993). Para una crítica de estos argumentos, véase Fishlow, *et al.* (1994); para nuevas ampliaciones, véase Evans (1995).

Para enfoques que utilizan el nuevo institucionalismo, véanse las aportaciones de Harriss, Hunter y Lewis (1995) y Borner y Paldam (1998). Influyente en este campo, como en el suyo propio, es el trabajo de Douglass North, historiador económico; el más relevante quizá sea el de North y Thomas

(1973). Véase también Marx (1906), Putterman (1986), Tirole (1989) y Williamson (1985). Para análisis de las complementariedades y las economías de escala, véase Cornes y Sandler (1986) y Cooper (1999).

Para estudios de la industria del café en África oriental, véase Bates (1989 y 1997) y Bunker (1987).

2. Las sociedades agrarias

Los antropólogos han escrito un gran número de libros de texto de introducción sumamente accesibles e interesantes, de los cuales los más relevantes son los de Wolff (1966) y Sahlins (1968). El artículo clásico de Sahlins (1961) ha influido profundamente en este ensayo, al igual que los enfoques de la antropología social orientados hacia la acción de Bailey (1969) y de los miembros de la "escuela de Manchester", como Epstein (1992), Mitchell (1956) y Van Velsen (1974). Véase también la obra clásica de Elizabeth Colson (1974). Los intentos de Foster de incorporar la "dimensión temporal" al estudio de la estructura social han influido profundamente en mi pensamiento (véase el análisis en Goody, 1958). Las aportaciones marxistas que afectan más directamente a este trabajo son las de Meillassoux (1984) y Godelier (1972).

Entre los numerosos estudios de los kikuyu, los más relevantes para este ensayo son el estudio de la expansión y la migración de Leakey (1977). Para más bibliografía, consúltese Bates (1989).

Wharton (1971) escribió un ensayo pionero sobre la influencia del riesgo en las sociedades agrarias. Para aportaciones más contemporáneas, véase las que recoge Bardhan (1989). Halstead y O'Shea (1989) ofrecen una fascinante alternativa a los estudios de los economistas. La obra clásica de Scott (1976) aplica el análisis del riesgo a la política agraria; Popkin (1979) ofrece una importante crítica.

Para otros estudios de las comunidades rurales, véase Redfield (1973), Foster (1967), Colson (1974), Scott (1976) y Scott y Kerkvliet (1986). Para otras ideas sobre las contiendas, véase Black-Michaud (1975), Cohen (1995), Dresch (1989) y Hardy (1963).

3. La formación de los estados

Para algunos estudios de la influencia de las ciudades en la agricultura, véase, entre otros, los de Boserup (1981); Hoffman (1996), Woude, Hayami y de Vries (1990); y Brenner (1976). DeLong y Shleifer (1993) ofrecen importantes ideas. Los trabajos de Arthur (1994) y Krugman (1991) son, por supuesto, fundamentales para este argumento.

Sobre el reclutamiento de vasallos en los hogares, véase la abundante literatura sobre el llamado feudalismo bastardo. Esta literatura, cuyo pionero fue McFarlane (1973, 1981), se ha enriquecido con las obras de Hicks (1995) y Duby (1991).

Fue Hintze, quizá, quien primero estudió el efecto producido por las guerras dentro de los países (véase Gilbert, 1975); Tilly (1975) y Skocpol (1979) amplían esta tradición (véase también Trimberger, 1978). Los estudios de Downing (1992), McNeil (1982) y Van Creveld (1977) siguen siendo inestimables. Heckscher (1955) y Viner (1991) analizan la utilización de la

política económica para construir estados; también son fundamentales las aportaciones clásicas de Weber (1968) y Smith
(1976). Bellot (1902), que escribe sobre los colegios de abogados
(*Inns of Court*) de Londres, ofrece un rico estudio de la vida interna de un gremio.

Margaret Levi ha investigado profundamente la política de la
extracción de recursos por parte de los estados. Para su análisis de
la tributación, véase Levi (1988); para su análisis del reclutamiento, véase Levi (1977). Su artículo "Predatory Theory of Rule"
(1981) sigue siendo un clásico y ha influido extraordinariamente
en mi pensamiento. Kennedy (1989) también aborda estas cuestiones. También es fundamental el trabajo de Giddens (1987).

Para algunos análisis de la utilización de los recursos públi-
cos para desmovilizar a las élites locales, véase Peck (1990) y
Root (1994); véase también MacCaffrey (1961), Ward (1992),
Hurtsfield (1958) y Waugh (1988).

Para algunos estudios sobre el suministro de alimentos,
véase Outhwaite (1981), Ormrod (1985), Tilly (1975) y Smith
(1976). Los debates sobre la política económica durante las guerras entre Inglaterra y Francia son recogidos hermosamente por
Kaplan (1976); véase también Meek (1963).

4. La formación de los estados en la era moderna

Los mejores análisis de la estructura de protección creada por la
industrialización basada en la sustitución de las importaciones
aparecen en Lal (1983), Little, Scitovsky y Scott (1970) y Krueger
(1996). Para los antecedentes históricos, véase Hirschman (1958),
Gerschenkron (1966) y Meier y Seers (1984). Para algunos de los

textos clásicos de la teoría de la dependencia, consúltense las diversas ediciones del libro de lecturas de Wilbur (por ejemplo, 1973).

Waltz (1979) ofrece el análisis clásico de la estructura bipolar de poder del periodo posterior a la Segunda Guerra Mundial; Jackson (1990), el análisis definitivo de su influencia en la formación de los estados. Véase también Moore (1998) y Van de Walle (de próxima aparición).

Para la influencia de la hacienda pública en la conducta de los estados, véase Levi (1981, 1988) y Goldstone (1991). Las líneas de argumentación de Hoffman y Norbertg (1994) y Rosenthal (1998) convergen con las que expongo aquí. Prestwich (1972), Mitchell (1951) y Willard (1934) ofrecen algunos de los estudios más esclarecedores sobre la tributación. Véase también Pollard (1926). Algunas partes de la obra de Sheppard (1998) contienen valiosas ideas sobre la movilización del crédito público. Para una excelente información sobre la influencia de los holandeses en las instituciones políticas y económicas británicas véase Israel (1991, a, b).

Sobre Zaire, consúltese Winsome (1993) y Schatzberg (1988, 1991); sobre Indonesia, *Time* (Asia) (24 de mayo de 1999); sobre Kenia, Barry (1975), Njonjo (1977) y Swainson (1979).

5. Crisis que afectaron al sistema internacional a finales de siglo

La crisis de la deuda dio origen a una abundante literatura. Sachs (1989) ofrece una útil introducción. Stephan Haggard realizó una serie de estudios comparativos de la respuesta a la crisis, algunos sobre la política económica (por ejemplo, Haggard, Lee y Maxfield, 1993) y otros sobre la reforma institucional (por ejemplo, Haggard y Webb, 1994). Mosley, Harrington y Toye (1991) elaboraron un importante estudio sobre el papel de las instituciones internacionales en esta crisis.

El ejemplo de Brasil se basa en Abreu (1980), Bacha (1988), Bates (1997), Frieden (1991), Lal y Maxfield (1993), Maxfield (1997) y Skidmore (1967). Para información sobre Ghana, véase Rothchild (1991), Herbst (1993) y Leith y Lofchie (1993).

Para algunos estudios sobre la democratización, véase Huntington (1991), O'Donnell y Schmitter (1986), Przeworski (1991) y Haggard y Webb (1994). Véase también Bates (1991).

Entre los principales estudios de la militarización de la política se encuentra el de Reno (1995). Véase también Bayart (1993). Para Zaire y Somalia, véase Schatzberg (1988, 1991), Winsome (1993), Zartman (1995) y Clark y Herbst (1995). Para Suráfrica, véase Greenberg (1987); para Chile, véase Stallings y Brock (1993), Boylan (1999) y Londregan (2000). Grossman (1991), Fearon (1995), Collier y Hoeffler (1989) y otros autores (por ejemplo, Kuran, 1989) están desarrollando nuevos fundamentos analíticos y empíricos para el estudio de la violencia política. Véase también Bates, Greif y Singh (1998); Bates y LaFerrara (1999); y Wantchekon (1996).

6. Conclusiones

Para algunos estudios de los países del este asiático, véase Amsden (1989), Wade (1990), el Banco Mundial (1993) y Evans (1995).

En los argumentos teóricos influyen no sólo Levi (1981, 1988), sino también Weingast (1995) y North y Weingast (1989). Además de las lecturas citadas en las notas del capítulo 1, consúltese también Berle y Means (1932) y McConnell (1966).

La literatura sobre las pequeñas economías abiertas comienza con Cameron (1978) y Katzenstein (1985). Para algunos enfoques analíticos de la economía política de la reforma de la política, véase Sturzenegger y Tommasi (1998). El análisis de los efectos de la etnicidad se basa en Ferejohn (1986).

A Douglas Rimmer, que es como yo un estudioso de África, también le ha sorprendido la relevancia de Hobbes para los países en vías de desarrollo contemporáneos y aporta interesantes ideas sobre los orígenes del pasaje que ambos citamos. Véase Rimmer (1995).

BIBLIOGRAFÍA

Abreu, Marcelo de Pavia (comp.) (1980), *A Ordem do Progresso*, Río de Janeiro, Editora Campus.

Amsdem, Alice H. (1989), *Asia's Nex Giant: South Korea and Late Industrialization*, Nueva York, Oxford University Press.

Anónimo (1990), *The Song of Roland*, traducido por D. D. R. Owen, Woodbridge, Inglaterra, Boydell Press.

Arthur, Brian (1994), *Increasing Returns and Path Dependence in the Economy*, Ann Arbor, Mich., University of Michigan Press.

Ausenda, Giorgio (comp.) (1995), *After Empire: Towards an Ethnology of Europe's Barbarians*, Studies in Historical Archaeoethnology, vol. 1, Woodbridge, Ingl., Boydell Press, Bacha, Edmar (comp.) (1988), *Os Mitos de Uma Década*, Río de Janeiro, Paz e Terra.

Bailey, F. G. (1969), *Stratagems and Spoils*, Nueva York, Schocken Books.

Banco Mundial (1993), *The East Asian Miracle*, Nueva York, Oxford University Press.

Bardhan, Pranab (comp.) (1989), *The Economic Theory of Agricultural Institutions*, Oxford, Clarendon Press.

Barry, John (1975), "Kenya on the Brink", *Sunday Times* (Londres), 10, 17 y 24 de agosto.

Bartlett, Robert (1993), *The Making of Europe: Conquest, Colonization, and Cultural Change, 950-1350*, Princeton, N. J., Princeton University Press.

Bartlett, Robert y Angus Mackay (comps.) (1989), *Medieval Frontier Societies*, Oxford, Clarendon Press.

Bates, Robert H. (1983), "The Preservation of Order in Stateless Societies", en R. H. Bates (comp.), *Essays on the Political Economy of Rural Africa*, Berkeley y Los Ángeles, University of California Press.

— (1989), *Beyond the Miracle of the Market*, Cambridge, Cambridge University Press.

— (1991), "The Economics of the Transition to Democracy", *P. S.*, 24, n° 1, págs. 24-27.

— (1997), *Open Economy Politics*, Princeton, N. J., Princeton University Press.

Bates, Robert H., Avner Greif y Smita Singh (1998), *Organizing Violence*, Cambridge, Mass. y Stanford, Calif., mecanografiado.

Bates, Robert H. y Eliana LaFerrara (1999), *Ethnicity, Politics, and Violence*, Cambridge, Mass., mecanografiado.

Bauer, P. T. (1954), *West African Trade*, Cambridge, Cambridge University Press.

Bayart, Jean-François (1993), *The State in Africa: The Politics of the Belly*, Nueva York, Longman.

Bellot, Hugh H. L. (1902), *The Inner and Middle Temple*, Londres, Methuen.

Berle, Adolph y Gardiner Means (1932), *The Modern Corporation and Private Property*, Nueva York, Macmillan.

Berry, Sara (1993), *No Condition Is Permanent*, Madison, Wis., University of Wisconsin Press.

Black-Michaud, Jacob (1975), *Cohesive Force: Feud in the Mediterranean and Middle East*, Oxford, Blackwell.

Blum, Jerome (1961), *Lord and Peasant in Russia*, Princeton, N. J., Princeton University Press.

Bohannan, Paul (1989), *Justice and Judgment among the Tiv*, Prospect Heights, Ill., Waveland Press.

Bohannan, Paul y George Dalton (comps.) (1962), *Markets in Africa*, Evanston, Ill., Northwestern University Press.

Borner, Silvio y Martin Paldam (comps.) (1998), *The Political Dimension of Economic Growth*, Nueva York, St. Martin's Press.

Boserup, Ester (1965), *The Conditions of Agricultural Growth*, Londres, Allen and Unwin.

— (1981), *Population and Technological Change*, Chicago, University of Chicago Press.

Boylan, Delia (1999), *The Politics of Economic Policy Reform*, mecanografiado.

Brenner, Robert (1976), "Agrarian Class Structure and Economic Development in Pre-Industrial Europe", *Past and Present*, 70, febrero, págs. 30-75.

— (1993), *Merchants and Revolution: Commercial Change, Political Conflict, and London's Overseas Traders, 1550-1653*, Princeton, N. J., Princeton University Press.

Bunker, Stephen G. (1987), *Peasants Against the State*, Urbana, Ill., University of Illinois Press.

Byock, Jesse L. (1982), *Feud in Icelandic Saga*, Berkeley y Los Ángeles, University of California Press.

Cameron, David (1978), "The Expansion of the Public Economy", *American Political Science Review*, 72, diciembre, págs. 1.243-61.

Carneiro, Robert L. (1970), "A Theory of the Origin of the State", *Science*, 169, n° 3.946, págs. 733-38.

Chenery, Hollis B. y Lance J. Taylor (1968), "Development Patterns: Among Countries and over Time", *Review of Economics and Statistics*, 50, noviembre, págs. 391-416.

Clark, Walter y Jeffrey Herbst (1995), *Somalia and the Future of Humanitarian Intervention*, Princeton, N. J., Center of International Studies, Princeton University.

Cohen, David (1995), *Law, Violence, and Community in Classical Athens*, Cambridge, Cambridge University Press.

Collier, Paul y Anke Hoeffler (1989), "On Economic Causes of Civil War", *Oxford Economic Papers*, 50, págs. 563-73.

Colson, Elizabeth (1974), *Tradition and Contract*, Chicago, Aldine.

Cooper, Russell W. (1999), *Coordination Games*, Cambridge, Cambridge University Press.

Cornes, Richard y Todd Sandler (1986), *The Theory of Externalities, Public Goods, and Club Goods*, Cambridge, Cambridge University Press.

deLong, J. Bradford y Andrei Shleifer (1993), "Princes and Merchants", *Journal of Law and Economics*, 36, octubre, págs. 671-702.

Dixit, Avinash K. y Robert S. Pindyck (1994), *Investment under Uncertainty*, Princeton, N. J., Princeton University Press.

Downing, Brian M. (1992), *The Military Revolution and Political Change*, Princeton, Princeton University Press.

Dresch, Paul (1989), *Tribes, Government, and History in Yemen*, Oxford, Oxford University Press.

Duby, Georges (1991), *France in the Middle Ages, 987-1460*, traducido por Juliet Vale, Oxford, Blackwell.

Epstein, A. L. (1992), *Scenes from African Urban Life*, Edimburgo, Edinburgh University Press.

Evans, Peter (1995), *Embedded Autonomy: States and Industrial Transformation*, Princeton, N. J., Princeton University Press.

Evans-Pritchard, E. E. (1940), *The Nuer*, Oxford, Clarendon Press.

Fearon, James (1995), "Rationalist Explanations for War", *International Organizations*, 49, n° 3, págs. 379-414.

Ferejohn, John (1986), "Incumbent Performance and Electoral Control", *Public Choice*, 50, págs. 5-25.

Firmin-Sellers, Kathryn (1995), "The Politics of Property Rights", *American Political Science Review*, 89, n° 4, págs. 867-82.

— (1996), *The Transformation of Property Rights in the Gold Coast*, Cambridge, Cambridge University Press.

Fishlow, Albert, Catherine Gwin, Stepan Haggard, Dani Rodrik y Robert Wade (1994), *Miracle or Design? Lessons from the East Asian Experience*, Washington, D.C., Overseas Development Council.

Foster, George (1967), *Tzintzuntzan*, Boston, Little Brown.

Frieden, Jeffry A. (1991), *Debt, Development and Democracy*, Princeton, N. J., Princeton University Press.

Gerschenkron, Alexander (1966), *Economic Backwardness in Historical Perspective*, Cambridge, Mass., Belknap Press of Harvard University Press.

Giddens, Anthony (1987). *The Nation-States and Violence*, Berkeley y Los Ángeles, University of California Press.

Gilbert, Felix (comp.) (1975), *The Historical Essays of Otto Hintze*, Nueva York, Oxford University Press.

Gillis, Malcolm, Dwight H. Perkins, Michael Roemer y Donald R. Snodgrass (1987), *Economics of Development*, Nueva York, W. W. Norton.

Gluckman, Max (1955), *Custom and Conflict in Africa*, Oxford, Blackwell.

Godelier, Maurice (1972), *Rationality and Irrationality in Economics*, Nueva York, Monthly Review Press.

Goldstone, Jack A. (1991), *Revolution and Rebellion in the Early*

Modern World, Berkeley y Los Ángeles, University of California Press.

Goody, Jack (comp.) (1958), *The Development Cycle in Domestic Groups*, Cambridge, Cambridge University Press.

Greenberg, Stanley (1987), *Legitimating the Illegitimate*, Berkeley y Los Ángeles, University of California Press.

Grossman, Herschel I. (1991), "A General Equilibrium Model of Insurrections", *American Economic Review*, 81, n° 4, págs. 912-21.

Haggard, Stephan, Chung H. Lee y Sylvia Maxfield (comps.) (1993), *The Politics of Finance in Developing Countries*, Ithaca, N. Y., Cornell University Press.

Haggard, Stephan y Steven B. Webb (comps.) (1994), *Voting for Reform*, Nueva York, World Bank Oxford University Press.

Halstead, Paul y John O'Shea (comps.) (1989), *Bad Year Economics*, Cambridge, Cambridge University Press.

Hardy, M. J. L. (1963), *Blood Feuds and the Payment of Blood Money in the Middle East*, Beirut, Catholic Press.

Harriss, John, Janet Hunter y Colin M. Lewis (comps.) (1995), *The New Institutional Economics and Third World Development*, Londres y Nueva York, Routledge.

Hechter, Michael y William Brustein (1980), "Regional Modes of Production and Patterns of State Formation in Western Europe", *American Journal of Sociology*, 85, n° 5, págs. 1.061-94.

Heckscher, Eli F. (1955), *Mercantilism*, Nueva York y Londres, Allen and Unwin, 2 vols.

Hellman, Joel S. (1998), "Winnners Take All: The Politics of Partial Reform in Postcommunist Transitions", *World Politics*, 50, n° 2, págs. 203-34.

Henneman, J. B. (1971), *Royal Taxation in Fourteenth Century France*, Princeton, N. J., Princeton University Press.

Herbst, Jeffrey (1993), *The Politics of Reform in Ghana*, Berkeley y Los Ángeles, University of California Press.

Hicks, Michael (1995), *Bastard Feudalism*, Nueva York y Londres, Longman.

Hirschman, Albert O. (1958), *The Strategy of Economic Development*, New Haven, Yale University Press.

— (1977), *The Passions and the Interests*, Princeton, N. J., Princeton University Press.

Hoffman, Philip T. (1996), *Growth in a Traditional Society: The French Countryside, 1450-1815*, Princeton, N. J., Princeton University Press.

Hoffman, Philip y Kathryn Norberg (comps.) (1994), *Fiscal Crisis, Liberty and Representative Government*, Stanford, Calif., Stanford University Press.

Hudson, John (1996), *The Formation of the English Common Law*, Nueva York y Londres, Longman.

Huntington, Samuel P. (1991), *The Third Wave*, Norman, Okla., University of Oklahoma Press.

Hurstfield, Joel (1958), *The Queen's Wards*, Londres, Longmans, Green and Company.

— (1961), "The Succession Struggle in Late Elizabethan England", en S. T. Bindhoff, J. Hurstfield y C. H. Williams (comps.), *Elizabethan Government and Society*, Londres, University of London at the Atholone Press.

Israel, Jonathan (1991a), "The Dutch Role in the Glorious Revolution", en J. Israel (comp.), *The Anglo-Dutch Moment*, Cambridge, Cambridge University Press.

— (1991b), "General Introduction", en J. Israel (comp.), *The*

Anglo-Dutch Moment, Cambridge, Cambridge University Press.

Jackson, Robert H. (1990), *Quasi-States: Sovereignty, International Relations, and the Third World,* Nueva York, Cambridge University Press.

Kaplan, Steven L. (1976), *Bread, Politics, and Political Economy in the Reign of Louis XV,* La Haya, Martin Nijhoff.

Katzenstein, Peter (1985), *Small States in World Markets,* Ithaca, N. Y., Cornell University Press.

Kennedy, Paul (1989), *The Rise and Fall of the Great Powers: Economic Change and Military Conflict from 1500 to 2000,* Nueva York, Vintage.

Klein, Benjamin, Robert Crawford y Armen Alchien (1978), "Vertical Integration, Appropriable Rents, and the Competitive Contracting Process", *Journal of Law and Economics,* 21, págs. 297-326.

Krueger, Anne O. (comp.) (1996), *The Political Economy of Trade Protection,* Chicago, University of Chicago Press.

Krugman, Paul (1991), *Geography and Trade,* Cambridge, Mass., MIT Press. Existe una versión en castellano publicada por Antoni Bosch, editor.

Kuran, Timur (1989), "Sparks and Prairie Fires: A Theory of Unanticipated Political Revolution", *Public Choice,* 61, págs. 41-74.

Kuznets, Simon (1966), *Modern Economic Growth,* New Haven, Yale University Press.

Lal, Deepak (1983), *The Poverty of "Development Economic",* Londres, Institute of Economic Affairs.

Lal, Deepak y Sylvia Maxfield (1993), "The Political Economy of Stabilization in Brazil", en R. H. Bates y A. O. Krueger (comps.), *Political and Economic Interactions in Economic Policy Reform*, Oxford, Blackwell.

Leakey, Louis S. B. (1977), *The Southern Kikuyu Before 1903*, Londres, Academic Press, 3 vols.

Leith, Clark y Michael Lofchie (1993), "Structural Adjustment in Ghana", en R. H. Bates y A. O. Krueger (comps.), *Political and Economic Interations in Economic Policy Reform*, Oxford, Blackwell.

Levi, Margaret (1981), "The Predatory Theory of Rule", *Politics and Society*, 10, n° 4, págs. 431-66.

— (1988), *Of Rule and Revenue*, Berkeley y Los Ángeles, University of California Press.

— (1997), *Consent, Dissent, and Patriotism*, Chicago, University of Chicago Press.

Little, I. M. D. (1982), *Economic Development*, Nueva York, Basic Books.

Little, I. M. D., Tibor Scitovsky y Maurice Scott (1970), *Industry and Trade in Some Developing Countries*, Oxford, Oxford University Press.

Londregan, John B. (2000), *Legislative Institutions in Chile*, Cambridge, Cambridge University Press.

MacCaffrey, Wallace T. (1961), "Place and Patronage in Elizabethan Politics", en S. T. Bindoff, J. Hurstfield y C. H. Williams (comps.), *Elizabethan Government and Society*, Londres, University of London at the Athlone Press.

McCloskey, Deidre (1985), *Applied Theory of Price*, Nueva York, Macmillan.

McConnell, Grant (1966), *Private Power and American Democracy*, Nueva York, Knopf.

McFarlane, K. B. (1973), *The Nobility of Later Medieval Europe*, Oxford, Clarendon Press.

— (1981), *England in the Fifteenth Century*, Londres, Hambledon Press.

McNeil, William (1982), *The Pursuit of Power*, Chicago, University of Chicago Press.

Marx, Karl (1906), *Capital*, Nueva York, Modern Library.

— (1978), "The Eighteenth Brumaire of Louis Bonaparte", en Robert C. Tucker (comp.), *The Marx-Engels Reader*, Nueva York, W. W. Norton.

Maxfield, Sylvia (1997), *Gatekeepers of Growth*, Princeton, N. J., Princeton University Press.

Meek, Ronald (1963), *The Economics of Physiocracy*, Cambridge, Cambridge University Press.

Meier, Gerald y Dudley Seers (comps.) (1984), *Pioneers of Development*, Nueva York, Oxford University Press.

Meillassoux, Claude (1981), *Maidens, Meal, and Money*, Cambridge, Cambridge University Press.

Meillassoux, Claude (comp.) (1971), *The Development of Indigenous Trade and Markets in West Africa*, Londres, International Africa Institute, Oxford University Press.

Mitchell, J. Clyde (1956), *The Kalela Dance*, Manchester, Ingl., Rhodes Livingstone Institute Manchester University Press.

Mitchell, S. K. (1951), *Taxation in Medieval Europe*, New Haven, Yale University Press.

Mitford, A. B. (comp.) (1966), *The Forty-seven Ronins: Tales of Old Japan*, Tokio, Charles E. Tuttle.

Moore, Barrington (1966), *Social Origins of Dictatorship and Democracy*, Boston, Beacon Press.

Moore, Mick (1998), "Death without Taxes: Democracy, State

Capacity, and Aid Dependence in the Fourth World", en M. Robinson y G. White (comps.), *The Democratic Development State: Politics and Institutional Design*, Oxford, Oxford University Press.

Mosley, Paul, Jane Harrington y John Toye (comps.) (1991), *Aid and Power*, Nueva York y Londres, Routledge, 2 vols.

Mumford, Lewis (1961), *The City in History*, Nueva York, Harcourt Brace.

Njonjo, Apollo (1977), "The Africanization of the 'White Highlands'", tesis doctoral, Princeton University.

North, Douglass C. y Robert Paul Thomas (1973), *The Rise of the Western World*, Cambridge, Cambridge University Press.

North, Douglass C. y Barry R. Weingast (1989), "Constitutions and Commitment", *Journal of Economic History*, 69, págs. 803-32.

O'Donnell, Guillermo y Philippe C. Schmitter (1986), *Tentative Conclusions*, vol. 5 de *Transitions from Authoritarian Rule*, Baltimore, The Johns Hopkins University Press.

Ormrod, David (1985), *English Grain Exports and the Structure of Agrarian Capitalism, 1700-1760*, Hull, Ingl., Hull University Press.

Ormrod, W. M. (1990), *The Reigm of Edward III*, New Haven, Yale University Press.

Outhwaite, R. B. (1981), "Dearth and Government Intervention in English Grain Markets, 1590-1700", *Economic History Review*, 34, págs. 389-406.

Paige, Jeffrey (1997), *Coffee and Power*, Cambridge, Mass., Harvard University Press.

Parsons, J. J. (1949), *Antioqueño Colonization in Western Columbia*, Berkeley y Los Ángeles, University of California Press.

Peck, Linda Levy (1990), *Court Patronage and Corruption in Early Stuart England*, Boston, Unwin Hyman.

Persson, Torsten y Guido Tabellini (comps.) (1994), *Politics*, vol. 2 de *Monetary and Fiscal Policy*, Cambridge, Mass., MIT Press.

Pirenne, Henri (1968), "Commerce Creates Towns", en J. Benton (comp.), *Town Origins*, Boston, Heath.

Polanyi, Karl (1944), *The Great Transformation*, Boston, Beacon Press.

Pollard, A. F. (1926), *The Evolution of Parliament*, Londres, Longman.

Popkin, Samuel L. (1979), *The Rational Peasant*, Berkeley y Los Ángeles, University of California Press.

Prestwich, Michael (1972), *War, Politics and Finance under Edward I*, Londres, Faber and Faber.

Przeworski, Adam (1991), *Democracy and Markets*, Cambridge, Cambridge University Press.

Putnam, Robert (1993), *Making Democracy Work*, Princeton, N. J., Princeton University Press.

Putterman, Louis (comp.) (1986), *The Economic Nature of the Firm*, Nueva York, Oxford University Press.

Redfield, Robert (1973), *Tepoztlan*, Chicago, University of Chicago Press.

Reno, William (1995), *Corruption and State Politics in Sierra Leone* Cambridge, Cambridge University Press.

— (1998), *Warlord Politics and African States*, Boulder, Col., Lynne Rienner.

Rimmer, Douglas (1995), "The Effect of Conflict II: Economic Effects", en O. Furley (comp.), *Conflict in Africa*, Londres, I. B. Tauris.

Rogowski, Ronald (1987), "Trade and the Variety of Democratic

Institutions", *International Organization*, 41, n° 2, págs. 203-33.

Root, Hilton (1994), *The Fountain of Privilege: Political Foundations of Markets in Old Regime France and England*, Berkeley y Los Ángeles, University of California Press.

Rosenthal, Jean-Laurent (1998), "The Political Economy of Absolutism Reconsidered", en R. H. Bates, A. Greif, M. Levi. J.-L. Rosenthal y B. R. Weingast (comps.), *Analytic Narratives*, Princeton, N. J., Princeton University Press.

Rothchild, Donald (comp.) (1991), *Ghana: The Political Economy of Recovery*, Boulder, Col., Lynne Rienner.

Sabolofff, Jeremy A. y C. C. Lamberg-Karlowsky (1975), *Ancient Civilization and Trade*, Albuquerque, University of New Mexico Press.

Sachs, Jeffrey D. (comp.) (1989), *Developing Country Debt and the World Economy*, Chicago, National Bureau of Economic Research University of Chicago Press.

Sahlins, Marshal D. (1961), "The Segmentary Lineage: An Organization of Predatory Expansion", *American Anthropologist*, 63, págs. 322-45.

— (1968), Tribesmen, Englewood Cliffs, N. J., Prentice-Hall.

Saul, Mahir (1993), "Land Custom in Bare: Agnatic Cooperation and Rural Capitalism in Western Burkino", en T. J. Bassett y D. E. Crummy (comps.), *Land in African Agrarian Systems*, Madison, Wisc., University of Wisconsin Press.

Schatzberg, Michael (1988), *The Dialectics of Oppression in Zaire*, Bloomington, Ind., Indiana Press.

— (1991), *Mobutu or Chaos?*, Lanham, Md., University Press of American.

Schultz, Theodore W. (1976), *Transforming Traditional Agriculture*, Nueva York, Arno Press.

Scott, James C. (1976), *The Moral Economy of the Peasant*, New Haven, Yale University Press.

Scott, James C. y Benedict J. Tria Kerkvliet (1986), *Everyday Forms of Peasant Resistance in South Asia*, Totowa, N. J., Frank Cass.

Sheppard, Francis (1998), *Londres: A History*, Oxford, Oxford University Press.

Skidmore, Thomas (1967), *Politics in Brazil, 1930-1964*, Nueva York, Oxford University Press.

Skocpol, Theda (1979), *States and Social Revolutions*, Cambridge, Cambridge University Press.

Smith, Adam (1976), *An Inquiry into the Nature and Causes of the Wealth of Nations*, editado por E. Cannan, Chicago, University of Chicago Press.

Soskice, David, Robert H. Bates y David Epstein (1992), "Ambition and Constraint: The Stabilizing Role of Institutions", *Journal of Law, Economics, and Organizations*, 8, n° 3, págs. 547-60.

Stallings, Barbara y Philip Brock (1993), "Economic Adjustment in Chile", en R. H. Bates y A. O. Krueger (comps.), *Economic and Political Interactions in Economic Policy Reform*, Oxford, Blackwell.

Stone, Lawrence (1965), *The Crisis of the Aristocracy, 1558-1641*, Oxford, Clarendon Press.

— (1973), *Family and Fortune*, Oxford, Clarendon Press.

Sturzenegger, Federico y Mariano Tommasi (comps) (1998), *The Political Economy of Reform*, Cambridge, Mass., MIT Press.

Swainson, Nicola (1979), *The Development of Corporate Capitalism in Kenya*, Berkeley y Los Ángeles, University of California Press.

Tilly, Charles (1975), "Reflections on the History of State Making", en C. Tilly (comp.), *The Formation of Nation States in Western Europe*, Princeton, N. J., Princeton University Press.

Time (Asia), 24 de mayo de 1999.

Tirole, Jean (1989), *The Theory of Industrial Organization*, Cambridge, Mass., MIT Press.

Todaro, Michael (1994), *Economic Development in the Third World*, Nueva York, Longman.

Trimberger, Ellen Kay (1978), *Revolution from Above*, New Brunswick, N. J., Transaction.

Turner, Ralph V. (1994), *King John*, Nueva York, Longman.

Uchendu, Victor C. (1965), *The Igbo of Southeast Nigeria*, Nueva York, Hold, Rinehart and Winston.

Van Creveld, Martin L. (1977), *Supplying War: Logistics from Wallenstein to Patton*, Cambridge, Cambridge University Press.

Van de Walle, Nicholas (de próxima aparición), *The Politics of Permanent Crisis: Managing African Economies, 1979-1999*, Nueva York, Cambridge University Press.

Van Velsen, J. (1974), *The Politics of Kinship*, Manchester, Ingl., Institute of African Studies Manchester University Press.

Viner, Jacob (1991), *Essays on the Intellectual History of Economics*, Princeton, N. H., Princeton University Press.

Wade, Robert (1990), *Governing the Market*, Princeton, N. J., Princeton University Press.

Waltz, Kenneth (1979), *The Theory of International Politics*, Nueva York, McGraw-Hill.

Wantchekon, Leonard (1996), *Political Coordination and Democratic Stability*, New Haven, Department of Political Science, Yale University.

Ward, Jennifer C. (1992), *English Noblewomen in the Later Middle Ages*, Londres, Longman.

Waugh, Scott L. 81988), *The Lordship of England: Royal Wardship and Marriage in English Society and Politics, 1217-1327*, Princeton, N.J., Princeton University Press.

Weber, Max (1958), "Politics as a Vocation", en H. H. Gerth y C. W. Mills (comps.), *From Max Weber*, Nueva York, Oxford University Press.

— (1968), *The City*, traducido por Don Martindale y Gertrud Neuwirth, Nueva York, Free Press.

Weingast, Barry R. (1995), "The Economic Role of Political Institutions", *The Journal of Law, Economics, and Organization*, 7, n° 1, págs. 1-31.

Werbner, Richard (1993), "From Heartland to Hinterland: Elites and the Geopolitics of Land in Botswana", en T. J. Bassett y D. E. Crummy (comps.), *Land in African Agrarian Systems*, Madison, Wisc., University of Wisconsin Press.

Wharton, Clifton (1971), "Risk, Uncertainty, and the Subsistence Farmer", en G. Dalton (comp.), *Economic Development and Social Change*, Garden City, N. Y., Natural Historical Press.

Wilbur, Charles K. (comp.) (1973), *The Political Economy of Development and Underdevelopment*, Nueva York, Random House.

Willard, J. F. (1934), *Parliamentary Taxation of Personal Property 1290 to 1334*, Cambridge, Mass., Medieval Academy of America.

Willamson, Oliver E. (1985), *The Economic Institutions of Capitalism*, Nueva York, Free Press.

Winsome, Leslie (1993), *Zaire*, Boulder, Col., Westview.

Wolff, Eric R. (1966), *Peasants*, Englewood Cliffs, N. J., Prentice-Hall.

Woude, Ad van der, Akira Hayami y Jan de Vries (1990), *Urbanization in History: A Process of Dynamic Interactions*, Nueva York, Oxford University Press.

Zartman, I. William (1995), *Collapsed States*, Boulder, Col., Lynne Rienner.

Índice analítico